आईना
(व्यंग्यात्मक दोहे, शेर, मुक्तक)

AF664529

डॉ. विजय मित्तल

डायमंड बुक्स

www.diamondbook.in

प्रकाशक : डायमंड पॉकेट बुक्स (प्रा.) लि.
X-30, ओखला इंडस्ट्रियल एरिया, फेज-II
नई दिल्ली-110020
फोन : 011-40712200
ई-मेल : sales@dpb.in
वेबसाइट : www.diamondbook.in
संस्करण : 2023

Aaina (Vyangaatmak Dohe, Sher, Muktak)
By. Dr. Vijay Mittal

विषय सूची

व्यंग्यात्मक दोहे

जैसे फिल्मों में नहीं अब स्टोरी का काम
कवि सम्मेलन में कहाँ अब कविता का नाम

यूं तो हिंदुस्तान में बहुत हुए हैं वाद
लेकिन अवसरवाद का अलग ही होता स्वाद

जिसकी ज़ुल्फ़ के साये में कर लेता था शाम
बाल जो उसका दाल में मचा दिया कोहराम

वीआईपी कल्चर अभी कायम क्यूं, सब मौन
आम आदमी दल में अब आम आदमी कौन!

नौटंकी करता फिरे करना इसको माफ़
साफ़ जगह को मंत्री करे है देखो साफ़

युवाओं ने अब तलक रक्खी दाढ़ी मूंछ
फिर क्या होगा गर कभी हीरो रक्खे पूंछ

टक्कर मारी कार ने देख न जाए छूट
बातों से क्या हो भला हाथ पांव से कूट

मोटर चालक के लिए नियम बहुत हैं टाइट
पैदल, रिक्शा के लिए कोई नहीं रेड लाइट

इसको मत हल्का समझ ठीक करे हर मर्ज़
व्यंग करे हर दौर में सच्चाई को दर्ज

मंत्री जी का वो कोई चमचा होगा ख़ास
लालक़िले से पढ़ गया, तू क्यूँ हुआ उदास

इसमें भी बढ़ती है क्या अभिनेता की शान
अकड़े है जो पहन के चड्डी और बनियान

देख जुगाड़ू दृश्य तू भारत में ही पाए
स्कूटर रिक्शा पांव के धक्के से चल जाए

झंडे से डंडा भला आएगा कुछ काम
हो ये जिसके हाथ में भैंस उसी के नाम

कॉंग्रेस से मिल भाजपा किस्सा किया तमाम
चौपट रामायण हुई रावण के संग राम

प्रेमी कहते हैं कि वो एक दूजे की जान
अलग हुए तो क्या कभी निकले उनके प्राण

मॉड दिखें हर हाल में अपनी तो ये चाह
हम काले अंग्रेज़ हैं येस को कहते हैं याह

हिन्दी फ़िल्मों से ही जो करोड़पति बन जाए
पर हिंदी में बोलना इनको नहीं सुहाय

बदनीयत से ही बना असल की है ये ओट
अब मेनिफेस्टो कुछ नहीं, सुंदर पेटीकोट

उल्टी टोपी डाल के,गर्दन ढकता जाए
फटी जींस को पहन कर जाने क्यूँ इतराए

तू ना मेरी बन सकी बनेगी कोई और
एक ज़रा सी बात का करूं क्यूं इतना शोर

आसानी से दिखे नहीं दुबके पड़े हैं चार
ट्रैफिक पुलिस है घात में ढूंढे कोई शिकार

कुर्सी से चिपका रहा जीवन भर था रोग
कुर्सी पर नेता चला मरघट, देखो लोग

सादा जीवन छोड़ के करते नेता ऐश
फिर भी गांधी को करें हरदम ही एनकैश

शादी से पहले तलक रहता था आज़ाद
फ्रीडम फाइटर बन गया अब शादी के बाद

महबूबा थी जब तलक चक्कर खूब लगाए
बीवी बनी तो देख कर सर तेरा चकराए

बत्ती हरी हुई नहीं, हॉर्न बजाएं अनेक
जैसे अगला सो गया सिर स्टेयरिंग पर टेक

लाल है बत्ती क्या हुआ, ले चल कार बढ़ाए
पुलिसमैन ना कैमरा कभी न पकड़ा जाए

ओ टी टी के नाम पर क्या-क्या नहीं दिखाए
फिल्म आजकल देख कर बच्चा बिगड़ा जाए

नाचे है तू इस तरह जैसे हो रोबोट
झटके खाए, क्या तेरे हाथ पांव में खोट

सादे कपड़ों से मुआ जनता को पगलाए
जैकेट कुर्ता डाल कर ही नेता कहलाए

भ्रष्ट है सब ऊपर तलक, जो शरीफ़ वो रोए
रामभरोसे हिंद है तू क्यों दुबला होय

रिश्वत ले पकड़ा गया डरने की क्या बात
रिश्वत दे कर छूट जा उसकी क्या औक़ात

लम्बी गाड़ी कर्ज़ पर लेकर क्यूं इतराए
जाम है इतनी रोड़ अब तू कैसे दौड़ाए

रोटी भी दुश्वार है बढ़ा है इतना रेट
मन की बातों से कहीं भरा किसी का पेट!

विरला ही होगा कोई जिसको ये ना भाए
चायवाला तो यहां पीएम भी बन जाए

कंबल साड़ी बांटते या खर्चे हैं नोट
बांट रेवड़ी आप ने खींच लिए सब वोट

लॉयल्टी की बात क्यूं करता है बेकार
जो दल देता है टिकट जम्प वहीँ पर मार

कवि सम्मेलन आए जो श्रोता ठगा सा जाए
जोक्स सुनाए बीसियों, वो ही कवि कहलाए

लज्जा की भी बात तू क्यूं करता नादान
जो भी नंगा है यहां वो सबसे बलवान

तनख्वाह से कैसे कोई घर का खर्च चलाए
इनकम ऊपर की मिले तभी बात बन पाए

ऐसे भी श्रोता मिले हैं हमको ए यार
शेर सुना कर पड़ गया समझाना हर बार

सौ में नब्बे हिंद में मिलते हैं बेइमान
फिर भी सुनते हैं यही, मेरा देश महान

औरों पर सब डाल के काम ये सारा छूट
दोनों हाथों से मगर यश तू इनका लूट

चोटी दाड़ी मूँछ रख अभिनेता इतराए
फटी पुरानी पैंट भी अब फ़ैशन कहलाए

शादी से पहले जो थे इक दूजे की जान
एक साल में हो गए दोनों ही परेशान

रहा नौकरी में हमें इक-इक दिन का ध्यान
संडे मंडे आजकल हो गए एक समान

मोबाइल को कर रहे नाहक ही बदनाम
सब हाथों को मिल गया देखो इससे काम

पैसा आया हाथ में मूरख अब होशियार
टेढ़ा-टेढ़ा चल रहा जैसे कोई विकार

लाखों देवी-देवता का हम करते ध्यान
राम भरोसे चल रहा अपना हिंदुस्तान

कुर्सी की तो इस कदर लगी हुई है रेस
मंत्री पहुंचे हैं जहां वैसा बदले भेस

दौलत जिसके पास है वो ही इज़्ज़तदार
बंगला कार अगर नहीं, वो बंदा बेकार

डिप्लोमेट तू, ना कभी, सारे पत्ते खोल
जो भी कहना है तुझे गोल-मोल कर बोल

बाबाओं की हिंद में देखो कैसी शान
अनपढ़ अज्ञानी यहां कहलाता भगवान

जवां हुए तो साथियों हमको आया ताव
भाभी साली सलज बिन क्या होली का चाव

भंग पिला कर दोस्तों अब क्यूँ होते दंग
रंग लगाया मिसिज़ को मिस्टर क्यूँ बदरंग

होली का हुड़दंग है बदली सब की चाल
पिया संग, बिन रंग ही भये गुलाबी गाल

रंगों की भरमार से कठिन हुई पहचान
मिस्टर अगरवाल के कंठ लगी मिस खान

एक करे आराम है दूजे करते काम
एक आदमी ख़ास है बाकी सारे आम

कवि जो व्यापारी बने कविता का क्या काम
जिसका जितना नाम है उतना उसका दाम

नार पराई देखकर मन क्यूं है ललचाए
मुमकिन तेरी नार को कोई भगा ले जाए

नीलामी होती यहां क्रिकेटर्स की है सेल
टेस्ट मैच को छोड़कर तू टी ट्वेंटी खेल

टांका जिससे भिड़ गया वो ही सदा सुहाय
डूबेगा अब साथ ही या वो भी तर जाए

केंद्र का राज्यपाल है राजनीति है जंग
सेंटर की जब ना चली कर दी असेंबली भंग

रात-रात भर जाग कर सुबह देर तक सोए
मॉडर्न बेटा है तेरा तू क्यूं दुबला होए

बाहों में पहले कभी महबूबा जो उठाए
एक सिलेंडर गैस का अब वो उठा न पाए

महबूबा थी जब तलक उसके ही गुण गाए
घरवाली जब से बनी फूटी आँख न भाए

ओ टी टी को देख कर लगे है सेंसर सोय
संवादों का आजकल डबल ही मतलब होय

चीन या पाकिस्तान या भारत के हों बोल
सबकी अपनी सरहदें अपना है भूगोल

राजनीति में हर कोई नेता है फॉर सेल
जाने कब किससे यहां हो जाता है मेल

कुर्सी का ये लोभ ही झूठ उससे बुलवाए
नेता के मन में है क्या कोई समझ न पाए

वोट, नोट की चाह में करता नए उपाय
नेता, व्यापारी यहां बातों की ही खाए

अपना-अपना ढोल है अपना-अपना गीत
राजनीति के क्षेत्र में कौन है किसका मीत

ख़ुद को पायलट जानकर गाड़ी क्यूँ दौड़ाए
ख़त्म न हो जाए तेरे जीवन का अध्याय

भारी है चालान तो भर कर क्या मिल जाए
कुछ ले दे के ख़त्म कर क्यूँ तू बात बढ़ाए

गठबंधन सरकार है मेल का है यह खेल
सब मिल बांट के खाएंगे हम सरकारी भेल

सत्ता और विपक्ष का, हुआ तमाशा आम
जानी दुश्मन से लड़ें, साथ पियेंगे जाम

दल के सब नेता यहां, दिल्ली में दरबार
बनने वाली है कई राज्यों में सरकार

सत्ता और विपक्ष में झगड़े रोज़ अनेक
वेतन भत्ता मामला, दोनों हो गए एक

बातों से नेता तुम्हें कैसे खूब रिझाए
झूठे वादे ना करे वोट कहां से पाए

देख मैच फुटबॉल का नेता बोला बोल
पहले ही ये गोल है, क्यूँ करते फिर गोल

एफ बी कविता कोई हो, यूं आए यूँ जाए
मंच दिला पाए यहां, वो ही प्रशंसा पाए

नेता मंत्री की यहां आवश्यक पहचान
लम्बी कारें हों कई, घर हो आलीशान

समयबद्ध सेवा भला किसे यहां मिल पाए
जो मांगे अधिकार ये, दीवाना कहलाए

इस यथार्थ से आप क्यूं हैं इतने अनजान
लोकतंत्र की है अतिक्रमण ही असली पहचान

सरकारी दफ्तर में अब बिस्तर कहां से लाए
बेचारा कुर्सी पे ही सोकर काम चलाए

अपनी नज़रों में यहां हर कोई है ख़ास
घड़ी तो रखते हैं सभी समय है किसके पास

व्हाट्सएप का दौर यूँ प्रेम प्रसंग बढ़ाए
एक ही क्लिक से "आई लव यू", सब गर्लफ्रेंड्स को जाए

सबके हाथों में हुआ मोबाइल का वास
फेसबुक व्हाट्सएप के बन बैठे हैं दास

टीवी हो अखबार हो पोस्टर आउटडोर
विज्ञापन का दौर है सभी चाहते मोर

ये विकास कब आएगा किसका कौन बताए
नेताओं की बात का मतलब समझ न आए

ताक़त के पीछे यहां हर इक दौड़ा जाए
मंत्री का चमचा बना फूला नहीं समाय

पांच साल के बाद फिर खड़ा हूं तेरे द्वार
वोट मुझी को दे मेरी, बन जाए सरकार

काम जो करता हो तो फिर सिर भी उठा न पाए
कामचोर बाबू मगर कुर्सी पर सो जाए

राजनीति व्यवसाय को क्यूं बदनाम कराए
नेता बनना हो जिसे वो क्यूं पढ़ने जाए

राजनीति में है सदा उसकी जय जयकार
माल उड़ा कर जो कभी लेता नहीं डकार

बाईक चलाए फोन पर बात भी करता जाए
ऐसे कौशल पर तो मैं गुज़रूँ शीश झुकाए

यूं तो पहले की तरह छपता है अख़बार
इश्तहार अपराध से हो गया बंटाधार

प्लेन उठाता ही गया पायलट मुझे डराए
इतना ऊंचा मत उठा दुनिया से उठ जाए

अंग्रेजी में बोलना क्यूं है इतना क्रेज़
भारत में पैदा हुए बनते हैं अँग्रेज़

हमने माना आज है तेरी ही गोरमेंट
टेंपरेरी है मंत्री बाबू परमानेंट

मोबाइल के अब युवा बन बैठे यूं दास
खाना-पीना छूट गया नींद न आए पास

भारत में अब खत्म हो कैसे भ्रष्टाचार
भ्रष्ट बचाने का यहां होता है व्यापार

रिश्वत ली तो क्या हुआ महंगा है बाज़ार
मुझको भी तो देखना है अपना घर बार

खिचड़ी जैसी बन गई है अपनी सरकार
मंत्री पद है चाहता हर एम पी इक बार

बिन बहुमत भी किस तरह बनती है सरकार
आते-आते आएगा समझ तुझे व्यापार

मंत्री बनकर यूँ दिखा प्राथमिकता है देश
देशभक्ति की आड़ में कर ले पूरी ऐश

महंगी गाड़ी का रहा बचपन से शौकीन
सादा जीवन की वही रोज़ बजाये बीन

कुर्सी की नेताओं को रहती हरदम आस
हमने तो देखा नहीं लेते हों वनवास

सरस्वती हरदम रही नेताओं से उदास
लक्ष्मी का लेकिन रहा उनके घर में वास

वो ही तो देंगे सदा सबको सुख की छांव
जो भी डालेंगे नहीं ग़ैर फटे में पांव

कोई भी मुश्किल अगर काबू में ना आए
बना कमेटी मामला फ़ौरन दियो दबाए

राजनीति में जब कोई नारा नहीं सुझाए
ज़ात धर्म का बाण फिर कभी न ख़ाली जाए

चढ़ा है अपने देश में फिर चुनाव बुखार
आरोपों की अब यहां चली ख़ूब तलवार

फंसा के झूठे केस में जो दल भेजे जेल
दे ना पाया वो कभी चंदे की डीटेल

पूछे हैं जो पत्र में क्यूं सरकार बताए
आर टी आई डालकर नाहक उसे डराए

जैसी पिछले साल थी डगमग जन की नाव
नए साल में कुछ नहीं आएगा बदलाव

देख इलेक्शन लड़ रहा सच का दामन थाम
राजनीति को कर रहा नौसिखिया बदनाम

दिल्ली में अब देखिए हुआ ये मंज़र आम
सुबह शाम चारों तरफ़ लगा हुआ है जाम

नववर्ष शुभकामना देने का है चाव
ऐसा क्या हो जायगा जीवन में बदलाव

अड़ियल नेता का सदा होता है ये हाल
गले की हड्डी जब बना बन गया राज्यपाल

सहने को अपराध तुम हो जाओ तैयार
दर्ज कराना है बहुत मुश्किल एफ आई आर

ये है इक्कीसवीं सदी देखो समय की छाप
पैदा होते ही हुआ बेटा बाप का बाप

भूत इश्क का जब किसी दिल में करता वास
अक़्ल फिर उसकी साथियों चरने जाती घास

हाथ फेरता चैन से, रहता है खुशहाल
जिसके सिर पर एक भी बचा न कोई बाल

समय चुनाव का आ गया टिकट को लेकर भीड़
हर कोई समझे यहां खुद को दल की रीढ़

बच्चों का अब कैरियर चुनना बना क्लेश
जो एमबीए कर गया वो चल दिया विदेश

नेता का चमचा बना कुछ तो हो अंजाम
गुमनामी से है भला हो जाऊँ बदनाम

खून के रिश्तों को भी अब करते हैं गुड बाय
दौलत की सबको यहां लगी है कैसी हाय

काम क्रोध लालच से अब हुआ है बंटाधार
अपराधों से भर गया पूरा ही अख़बार

यूं तो पक्ष-विपक्ष में होता रहा बवाल
खुद के भत्ते पर कभी उठते नहीं सवाल

अपने घर में हर कोई ही होता है शेर
बाहर गर हो सामना हो जाता है ढेर

माया में लिपटे हुए, धर बाबा का भेस
कहते माया छोड़ दो, देते हैं उपदेश

नारी नारी से करे शादी, सब हैं दंग
जीने का सबका यहां अपना-अपना ढंग

व्यापारी नेताओं से ले लेता है रिफंड
चंदा देता है भला कौन यहां फ्रीफंड

बंद अचानक कर दिए जब हज़ार के नोट
लाखों लोगों को लगी फिर लाखों की चोट

ईंधन महंगा हो गया हफ्ते में कई बार
कार के रहते हो गए हम बिलकुल बेकार

वोट दिया तुझको तेरी बन गई है सरकार
जाने कब हो पाएगा अब तेरा दीदार

बीस बरस में हो गया आख़िर पुल कंपलीट
टीवी अखबारों में अब ख़ूब ढिंढोरा पीट

वैसे तो उसकी कई लाखों में है आय
वो जो दफ़्तर में यहां चपरासी कहलाय

जिसको देखो अब यहां रखता स्मार्ट ही फोन
चाहे लेना ही पड़े कई हज़ार का लोन

दौलत आई पा लिया उसने बंगला, कार
हुई कमर कमरा, हुआ शारीरिक विस्तार

डॉक्टर को ही चेन स्मोकिंग की गर लत पड़ जाए
आंखों के अंधे को तू कैसे राह दिखाए

आरक्षण की कब तलक पड़ेगी तुझ पर मार
उतना ही तू रोएगा जितना करे विचार

हाई कमांड का हर समय करता रह गुणगान
राजनीति की फिर तेरी चलती रहे दुकान

राजनीति में कब तलक बने रहोगे संत
इक दिन तो हो जाएगा आदर्शों का अंत

बातचीत में तब तलक आता नहीं है स्वाद
वाद संग करता न हो जब तक कोई विवाद

जब तक कुर्सी पर टिका लूट सके तो लूट
कल जो रिटायर हो गया समय जाएगा छूट

कुदरत ने भी देखिए अजब है खेला खेल
सात फुटे का हो गया पांच फुटी से मेल

किसी पे दिल आ जाए तो खो जाता है चैन
नैनो के लड़ने पे तो कभी लगे ना बैन

केश कटाएं नारियां मर्द की चोटी होय
कन्फ्यूजन नर नार में दिया कबीरा रोय

नेता को चाहे कोई कितना भी समझाए
लेकिन वोट की बात ही उसे समझ में आए

श्रोताओं से आपका बना रहे संवाद
तभी तो आख़िर पाओगे कविताओं पर दाद

एक दूसरे को सभी कहे जा रहे भ्रष्ट
चैरीटेबल ट्रस्ट से ग़ायब है अब ट्रस्ट

लड़ने मरने को यहां रोगी है तैयार
अस्पताल में आये जो है कितना दमदार

मुक्त हुआ राजाओं से बरसों पहले देश
भारत में नेता मगर समझें खुद को नरेश

माह दिसंबर, छुट्टियां बाबू लें हर साल
कोई भी हो काम अब नए साल पर टाल

चेहरे पर मुस्कान है मोटी इनकी खाल
जितने चाहो तुम करो नेताओं से सवाल

नेता जी देने लगे हैं जनता को ज्ञान
वोटों का ही दान है सबसे उत्तम दान

फैला है संसार में कहीं बचे ना लोग
जिसको देखो लग गया मोबाइल का रोग

बॉलीवुड संगीत या मचा हुआ है शोर
सुनकर इक दो गीत ही हो जाओगे बोर

काम न तेरे आएगा और किसी का काम
अकड़ा फिरे है क्यूँ भला लेकर बाप का नाम

अपनी मर्जी से लिया ये शादी का रोग
मुक्त नहीं हो पाएगा जीवन भर, अब भोग

वोट की ख़ातिर कर रहे हम जो वादे पास
खुद को भी होता नहीं है इन पर विश्वास

कैसे तेरी मुश्किलें होंगी फिर आसान
घरवाली को छोड़कर महबूबा पर ध्यान

बिज़नेस या सच्चाई के पैमाने से नाप
ये तेरा अख़बार है जो मन आए छाप

पढ़ने लिखने का महत्व कैसे समझ में आए
अनपढ़ ही गर देश का प्रेसिडेंट बन जाए

जो भी चंदा दे सकें उनकी तरफ झुकाव
यूं ही चलती है सदा राजनीति की नाव

वोटों की ख़ातिर पड़े नेता तेरे पांव
फिर ना मुड़ कर आयेगा पांच साल तक गांव

जो अध्यक्ष के अब तलक चलता जूते थाम
टिकट न मिलने पर करे दल से ही संग्राम

मेनिफेस्टो का झुनझुना बजा के लेते वोट
जनता का क्या हो भला जब नीयत में खोट

जनता अब इस दौर में किसे भी डाले वोट
जनता तो फ़ाक़ा करे, नेता को अखरोट

वोट दिया जब आखिरी हमें बहुत था चाव
सुनते थे इस देश में आएगा बदलाव

ज़ब्त ज़मानत हो गई बचा नहीं लंगोट
नोट हों जिसकी जेब में वही तो पाए वोट

हिंदी तेरी आन है हिंदी ही पहचान
अंग्रेजी की दासता भारत का अपमान

मंदिर मस्जिद में सदा जूतों की भरमार
नए पहन के भाग ले छोड़ पुराने यार

पॉश इलाक़ों में अजब बदले हैं संस्कार
नफ़रत है इंसान से जानवरों से प्यार

ई-रिक्शा की पार्किंग पर नहीं कोई क़ैद
जिनसे हफ़्ता मिल गया बनी अवैध से वैध

नाम से रिश्तों का कभी हो जाता था भान
अंकल से अब हो गए सारे एक समान

ऑफ़िसर को कोई भी अगर लगाए भोग
रिश्वत मत कहना इसे ये तो है सहयोग

घर आए तो खींच दे फौरन ट्रेन की चेन
सरकारी है बाद में पहले तेरी ट्रेन

बंगलों के मालिक यहां समझें इसमें शान
घर में जर्मन ब्रीड के पाले हैं कई श्वान

सांप पालने का तुम्हें लगता बहुत ही चाव
तुमको भी काटेगा ये इसका यही स्वभाव

सोचा था मिल जाएगा जस्टिस देर सवेर
अब इसका क्या फ़ायदा लगे जो इतनी देर

जो दिल्ली से चाहिए और दिल्ली हो दूर
ऑनलाइन ओर्डर करूं गर तुझको मंज़ूर

सत्ता में तू आ गया मिले हैं इतने वोट
छापे जा घर बैठ के जितने चाहे नोट

साड़ी, कंबल, नोट में बेचा अपना वोट
दूजे को क्या कोसना जब ख़ुद में हो खोट

एक ज़रा सी बात है पुलिस तुम्हें समझाए
जो हफ्ता ना दे सके वो कैसे टिक पाए

एक कुंवारी अजनबी एफ बी दोस्त बनाए
जो रंगीन मिज़ाज है हनी ट्रैप हो जाए

ई डी सीबीआई है इनकम टैक्स उपाय
उलझे जो सरकार से रेड वहीं डलवाए

मोटी रिश्वत के बिना जॉब कहां मिल पाए
बॉस वही भाये हमें खाने दे, खुद खाए

केंद्र में चुन कर आई जो अभी नई सरकार
पांच बरस को मिल गया उनको कारोबार

वोट की ख़ातिर जो कहें उनका भी क्या मोल
वादों में नेताओं की रहता हरदम झोल

दावा करते जीत का हर दल का ये काम
मुंह की खाते हैं वही जब आए परिणाम

कांवड़ियों में मिल गई बदमाशों की फौज
खूब दबंगाई करें और उड़ाएं मौज

देख मुनाफ़ा बन गए ढेरों ठेकेदार
जिम्मेदारी कौन ले सब चाहे अधिकार

फ्री पाने की चाह में लुटा दिये सब वोट
जनता तो नंगी फिरे नेता पहने कोट

मंत्री बन कर कोई फिर क्यूं ना रिश्वत खाए
खर्च करोड़ों में करें तब नेता बन पाए

अब तो बचने के नहीं कोई भी आसार
चोरों का सरदार ही बना है पहरेदार

लूटा एक किशोर ने नारी का सम्मान
काम करे शैतान का कहलाता नादान

गाड़ी दौड़ाये जवां चले जाम पर जाम
कर दी अपनी जान ही नए साल के नाम

एक साल में खुल गई नेताओं की पोल
वादों के जिसने यहाँ खूब बजाये ढोल

आदत से पतिदेव की पत्नी है मजबूर
अपनी को देखे नहीं रहा दूसरी घूर

बिन रिश्वत होता नहीं काम यहां आसान
भारतवासी कह रहे मेरा देश महान

चक्कर इसके पांव में पी एम है मजबूर
भारत की सुध ले नहीं करे टूर पर टूर

फौज हो नौकर की सदा पांव तले कालीन
मंत्री की ख़्वाहिश बजे उसी के नाम की बीन

भरा पड़ा अपराध से ढेरों अब इश्तहार
पेज पलटता रह गया देखा जो अख़बार

बीवी के भाई बहन लेंगे मेरी जान
घर वाले फाक़ा करें एश करें मेहमान

नेता का ये पेट है बड़ा बहुत आकार
कितना भी खा ले मगर लेता नहीं डकार

इमेज संवर जाएगी यत्र तत्र सर्वत्र
उसने तो ये सोच कर दिया था त्यागपत्र

नीयत में ही खोट है चीन हो पाकिस्तान
जैसे लगता फ़ायदा बदले रोज़ बयान

जब तक थोड़े बाल थे रखता था वो ध्यान
अब कोई चिंता नहीं साफ़ हुआ मैदान

मात पिता की बात सब मानी सालों साल
यौवन की सीढ़ी चढ़ा बदली उसकी चाल

यौवन का यूं दंभ था हाथी जैसी चाल
डगमग डगमग अब चले पिचके दोनों गाल

नए साल के नाम पर काहे करे बवाल
जैसा भी ये साल है होगा अगला साल

गुंडागर्दी कर रहा खूब उड़ाए माल
सत्ता में है पार्टी एस एच ओ है ढाल

फैशन छोटे वस्त्र का जिसको पहने तंग
जो भी देखेगा उसे ध्यान तो होगा भंग

धन दौलत पावर के वो सदा देखते ख्वाब
नेताओं की सोच का कोई नहीं जवाब

जिंदा था तो पास ना आए रिश्तेदार
जायदाद का है मगर हर इक दावेदार

ख़ुदा वो ख़ुद को मानती पुलिस को आया क्रोध
उसका एनकाउंटर हुआ जिसने किया विरोध

चाहे बंदा आम हो या हो कोई ख़ास
वो रहता सुख चैन से जो रहता बिंदास

दीन-धर्म सब छोड़ कर बस कुर्सी से प्यार
मंत्री अपने देश में आदत से लाचार

कमर देख कमरा हुई दौलत का भंडार
मंत्री जी का हो गया सत्ता में विस्तार

मंत्री को जब हुई सज़ा जेलर बन गया दास
जंगल में मंगल किया ऐसा था वनवास

पूरी दुनिया घूमता दर-दर छाने ख़ाक
देश चलाना साथियों होता नहीं मज़ाक

इक दूजे पर थोपते पुल जो हो गया ख़ाक
सत्ता और विपक्ष की होती लंबी नाक

छोड़ दे औरों के लिए सब क़ानून विधान
कोर्ट कचहरी भूल कर दौलत पर दे ध्यान

हेरा फेरी गर करे मिले तुझे तर माल
रूखी सूखी भूल खा बटर नान और दाल

मोबाइल को हैक कर ठगता बारम्बार
कैसे भी दौलत मिले उसको कब इन्कार

रही प्रेमिका जब तलक नहीं था दुख से काम
शादी जैसे हो गई हर दिन का संग्राम

मंत्री भूले देश को, कुर्सी ही है मेन
आरक्षण बढ़ता गया बढ़ गया ब्रेन का ड्रेन

कुर्सी के चारों तरफ़ ही इनका संसार
मंत्री जैसा कौन है इस जग में खूंखार

सी वी में उसके तभी आए और निखार
सज़ायाफ़्ता हो कोई नेता बारंबार

सरकारी दामाद है नौकर, बंगला, कार
नेता को मालूम क्या महंगाई की मार

सोते में भी जान ले कहे जो नेता जाग
बाबू के जैसा कहां जग में तेज़ दिमाग़

नए साल क्या देश का बेहतर होगा हाल
नेताओं से मत करो ऐसे कठिन सवाल

तुझको ही भारी पड़े मुश्किल में दे डाल
बीवी से करते नहीं ऐसा कोई सवाल

सीटें पाने के लिए पहले लंबी छोड़
फिर भी गर कुछ कम पड़ें कर ले तू गठजोड़

जिसको देखो व्हाट्सएप एफबी का है दास
जाने क्यों बुझती नहीं मोबाइल की प्यास

वोट का क्या है वोट हम तुझ पर ही दें वार
बिजली पानी फ्री मिले गर हमको सरकार

जीना मरना है हमें दोनों एक समान
इस बस में ही जाएंगे सीट या पायदान

ख़बर बुज़ुर्गों को लगे चाहे इक अफ़वाह
आपस में ही मर्द अब करने लगे हैं ब्याह

रातों-रात अमीर हो जाएं इनकी चाह
बदनामी का डर नहीं खुलकर करें गुनाह

एक जनवरी आ गया तो काहे का हर्ष
जैसा पिछला वर्ष था ऐसा ही ये वर्ष

उसकी नज़रों में कहाँ इंसां एक समान
हर नेता को चाहिए वीआईपी सम्मान

लूटपाट, लाचार से देख रहे सब मौन
बना रहे हैं वीडियो मदद करेगा कौन

आजीवन सत्ता रहे हाथों में है चाह
लालच की नेताओं के कोई नहीं है थाह

इंसां की पहचान ये कितना बड़ा रईस
उसके आगे कोई हो सभी झुकाएं शीश

मंदिर के बाहर खड़ा रोटी की है आस
फ्री की मिल जाए उसे करे न कोई प्रयास

नौकर ऐसा चाहिए खींचूं जिससे काम
जब चाहूं चलता करूं कर उसको बदनाम

अपनी और परिवार की पहले सोचो पार्थ
स्वार्थ से गर फुर्सत मिले फिर सोचो परमार्थ

शाम हो गई सोचते राजनीति बेबात
अब भी ना संभला यूंही हो जाएगी रात

वोटर से करना नहीं तुम मेहनत की बात
इनको तो बस चाहिए बिन मांगे ख़ैरात

बिजली पानी फ्री करूँ फ्री होगा संपर्क
वोट की ख़ातिर दे रहा नेता क्या-क्या तर्क

सस्ता क्या हम मुफ़्त में देंगे तुम्हें अनाज
हमको पहना दो अगर तुम सत्ता का ताज

कविता सुनकर आपका चुप रहना है गुनाह
कुछ तो सुनने को मिले आह करो या वाह

किन्नर है रेड लाइट पर आदत से लाचार
भीख वो मांगे जिस तरह मांगे कोई उधार

दौलत का इस दौर में अजब ही देखा क्रेज़
इंसां को जितना मिले जैसे, नहीं परहेज़

राजनीति पर आएगा अब कैसे विश्वास
जितना लगे शरीफ़ जो उतना ही बदमाश

उठा नहीं सकते अगर पीएम का पदभार
पीएम एक रिमोट का कर लो फिर तैयार

बाद इलेक्शन आपको रहते नहीं है याद
अब वादों की हो गई यूं भारी तादाद

चाहे जितना सोच कर लिख लो खूब किताब
मिल ना पाएगा तुम्हें बिना जुगाड़ ख़िताब

सच ही जीतेगा सदा वहम कभी मत पाल
लावारिस सा पड़ा मिलेगा तेरा कंकाल

बातों से मुमकिन ना हो उसको देना मात
तू हिम्मत मत हारियो चला दे घूंसा लात

दंगा दुर्घटना झड़प चोरी बलात्कार
गैंगवार गर ख़त्म हो छपे न फिर अखबार

नए साल में हो नई कार, पुरानी छोड़
महंगी गाड़ी की यहां लगी हुई है होड़

आज सियासत में कहाँ हीरे, है अफ़सोस
कचरा है देखे जिधर कर ले तू संतोष

सत्तापक्ष के हॉर्स पर जबसे हुए सवार
मंत्री जी के फेस पर आया गज़ब निखार

मंत्री बोले भाइयों मैं हूं खुली किताब
जनता बोली ठीक पर पन्ने बहुत जनाब

जनता की तेरे लिए कैसी भी हो सोच
दल को बदल हो फ़ायदा करियो मत संकोच

राम नाम ही सत्य है जीवन का आधार
बिना मरे ही कर लिया हमने यह स्वीकार

कर दे गर करना पड़े बाप से भी विद्रोह
जीवन में कुछ भी नहीं कुर्सी जैसा मोह

ज़ब्त जमानत हो गई नेता की कई बार
फिर भी उस मरदूद ने मानी है कब हार

मिली जुली सरकार में उसकी एक ही शर्त
मंत्रिमंडल में उसे मिल जाए इक बर्थ

बिना योग्यता नौकरी वोटों का व्यापार
आरक्षण इक योग्य को कैसे हो स्वीकार

चंदा जितना दे सके उतना ही तू ख़ास
टिकट मिलेगी फिर तुझे बनी रहेगी आस

जनता का विश्वास फिर पाना हो आसान
राजनीति में नीति का भी हो अगर विधान

श्रोता कर ना पाएगा कविता को महसूस
जब तक कवि को ना मिलेगी ताली की घूस

खुद ही हिस्सेदार हैं अपराधों में मौन
अपराधों को रोकना पहल करेगा कौन

नाचे है रोबोट सा वेस्टर्न धुन पर गाय
नंगेपन को अब युवा फैशन कह अपनाए

शादी हो जाए अगर बन जाती है लाइफ
कितने ऐसा सोच कर ले आते हैं वाइफ

तू बाबू बन जाएगा जीवन है अनमोल
अब हिंदी में क्या धरा बस अंग्रेज़ी बोल

कैसे गर्मी झेलते कटती कैसे रात
ए सी कमरों में हुई फिर सहरा की बात

सादे जीवन का बहुत सी एम को था जोश
एक महीने में मगर हो गया वो ख़ामोश

सुविधाएं भरपूर हैं जिम हो स्वीमिंग पूल
ए सी कमरे, बस सभी, स्कूल हो गये कूल

घोर उदंडी हो गए जब से कॉलेज छात्र
प्रोफ़ेसर अब हो गए कितने दया के पात्र

फिल्मों से गायब हुआ अभिनय और चरित्र
अब जैसा माहौल है वैसा है चलचित्र

राजनीति में अब कहां बचा है कोई चरित्र
कोई भी दुश्मन नहीं ना ही कोई मित्र

गठबंधन गर चाहिए कर दो फिर इंसाफ़
जितनी सीटें राज्य में देनी होंगी हाफ़

मंत्रिमंडल का बना कितना सुंदर केक
जैसा वादा था कभी टुकड़ा दे दो एक

देख इलेक्शन आ गया, ये रैली की रीढ़
भीड़ जुटाना लाज़मी भीड़ जुटाओ भीड़

किसको जनता वोट दे सोच के हो गई बोर
संत समझकर जो चुना वो ही निकला चोर

मुझसे मिलने को कभी हुआ न जो तैयार
वोट की ख़ातिर आज वो खड़ा है मेरे द्वार

कुर्सी आगे कुछ नहीं कुर्सी मेरा आज
कुर्सी ही माई बाप है कुर्सी मेरा ताज

पुलिस के डंडों से भले बने हों कितने घाव
चोरी करने का मगर कहाँ छूटता चाव

चाहे अब लेना पड़े मुझको भारी लोन
मैं तो लेकर ही रहूंगा इक आईफोन

रोज़गार कायम रहे लाज़िम है कुछ गंद
चोर उचक्के गर नहीं, कोर्ट कचहरी बंद

संविधान का हाल ये देख हुए सब दंग
ख़तरे में सरकार तो सदन कर दिया भंग

लड़ते पक्ष-विपक्ष यूं नोच ही लेंगे अंग
मगर शाम को बैठ कर दारू पीते संग

मंत्री जी को चाहिए फोटो हर अखबार
अगर नहीं हो कैमरा जलसा है बेकार

अपने नेता ब्रेन से लगते हैं बीमार
जाते हैं जिस प्रांत में वैसा ही श्रृंगार

जनता में जा, कर रहे, नारों की बौछार
नेताओं को चाहिए कुर्सी बंगला कार

मौके के अनुसार ही नेता बदलें रंग
इनके रूप को देखकर गिरगिट भी है दंग

होली का माहौल है करें सभी हुड़दंग
घरवाली गर मायके बाहरवाली संग

कब्र में लटके पांव हैं बचा नहीं कुछ शेष
जिसके बस की कुछ नहीं वो देता उपदेश

राजनीति का खेल है रख दूजे पर पांव
कोई चूकता ही नहीं जिसका लगता दांव

काम बराएनाम है खूब मचाए शोर
नेता अभिनेता अधिक, राजनीति कमज़ोर

फ्री के लालच में सदा करते इसे फ़िज़ूल
वोटर के है हाथ में बहुत बड़ा ये टूल

मंत्रिमंडल देख कर हुआ है देश अवाक
मंत्री जी का हो गया कितना बड़ा स्टॉक

सांसद को निर्देश है वर्ना व्हिप की मार
पी एम की हर हाल में करना जय जयकार

लॉयर को है फ़ायदा मिले डेट पर डेट
कितने पाप कराए है देखो पापी पेट

शादी से हसबैंड का शुरू हुआ जो डांस
एक साल में पूर्णतया ख़तम हुआ रोमांस

कलयुग में फिर कोई हो नीयत है ये आम
काम करे तो चाहिए उसको कुछ ईनाम

पार्टी फंड के नाम पर खूब झुकाएं शीश
जितनी कमर नचाएंगे उतनी है बख़्शीश

जीत इलेक्शन हो गया नेता कितना रयूड
क्षेत्र का दौरा क्यूँ करे बना नहीं जब मूड

सन्नाटे से जब सुनें श्रोता, निकले आह
कवियों को हरदम रही वाह-वाह की चाह

जीत का दावा कर रहा था हर दल में जोश
जाने कैसे आ गया सत्ता में ख़ामोश

अजब सियासत खेल है खड़ी हुई है खाट
लेकिन सबके पास है इक दूजे की काट

साज़िश होती है यही हर दल करता आज
"चाह नहीं मेरी, ये है, जनता की आवाज़ "

वो मंत्री भी क्या भला जो न कराए वेट
वी आई पी जितना बड़ा उतना ज़्यादा लेट

ऊपर की इनकम बढ़े रहती हरदम आस
चंदा दल के नाम ले, खुद का करे विकास

संसद में हैं पक्ष-विपक्ष, इक दूजे के खिलाफ़
वैसे उनको चाहिए इक दूजे का लिहाफ़

जीत इलेक्शन बन गए जो भी आम, विशेष
खर्चे की भरपाई का कर दिया श्रीगणेश

अगर चुनावी लहर का हक़ में नहीं प्रवाह
बूथ कैपचरिंग की सभी देंगे तुझे सलाह

टी वी हो अख़बार हो खुश रखना है स्वभाव
यूँ जनता के बीच में, अपना रहे प्रभाव

बाबू ऐसा चाहिए कर दे बेड़ा पार
समझदार बेकार है वफ़ादार दरकार

किसी भी अफ़सर को नहीं आने देते पास
हर मंत्री के सदा रहे अपने बाबू ख़ास

नेता भाषण दे रहे घूमें सारा देश
वैसे वो होते नहीं जैसा करते पेश

वैसा ही होगा बजट जैसा पिछली बार
ज़्यादा कर के वास्ते हो जाओ तैयार

बस के पीछे भागना भी क्या जीना यार
एक भी कार न रख सके जीवन है धिक्कार

क्रिकेट, हॉकी खेल हो दु:ख का यही निदान
अपनी छोड़ो, क्यूं मगर जीता हिन्दुस्तान!

नागिन सी लहराए है बाइक तेज़ रफ़्तार
ट्रैफिक रूल्स को मानना उसको कब स्वीकार

रस्ता दे किसी और को कौन भला तैयार
जल्दीबाज़ी का यहां हर कोई बीमार

अभिनेता को देखकर आया बेहद जोश
ज़रा ज़रा सी बात पर कहता है " ख़ामोश!"

आज के युग की देन ये मंज़र दिखता आम
कपड़े पहने सुंदरी सिर्फ़ बराए नाम

मंच पर आते ही मिलें ख़ूब तालियां दाद
अपनी अपनी सोच में हर कोई उस्ताद

लूटमार अपराध सब बढ़े हैं पूरे साल
पर मंत्री जी कह रहे हैं क़ानून बहाल

दो हाथी की जब कभी होती कहीं भिड़ंत
छोटे-मोटे जानवर, घास का होता अंत

जब तक मूरख मौन है ध्यान का होता भान
अज्ञानी का तब तलक होता नहीं है ज्ञान

छवि की ख़ातिर छा रहे टी वी हो, अख़बार
जैसे बिना प्रचार के चल न सके व्यापार

राजनीति के क्षेत्र में लम्बी-लम्बी फेंक
ज़ात धरम की आग पर वोट की रोटी सेंक

अंग्रेज़ी ने इस तरह बदला है परिवेश
हिंदी दिवस पे भी नहीं हिंदी में आदेश

धीमी फाइल चल रही समझो उसकी चाल
उस बाबू को चाहिए कुछ ऊपर का माल

सड़कें नाला बन गई जैसे पिछली बार
नगर निगम कहता सदा, बारिश को तैयार

कर की चोरी हो गया खुलेआम व्यापार
करदाता पर ही सदा होता अत्याचार

आंख गड़ाए दिख रहे घर बाहर सब लोग
जिसको देखो लग गया मोबाइल का रोग

काम नहीं करता कोई मुफ़्त में हैं बदनाम
दफ़्तर में सब कर रहे अपना प्राइवेट काम

पीएम रहते टूर पर बदलें हरदम भेष
लाल किले से दे रहे देसी का संदेश

मंत्री थे दस्यु कभी बात करें दो टूक
फिर भी हो तक़रार तो समझाए बंदूक

कुर्सी पर है ऊँघता बॉस हो गया बोर
शाबाशी खुद को मिले खूब मचाये शोर

दिल्ली को जल्दी बड़ी सड़कों पर है शोर
हॉर्न बजायें बेवजह शगल बना हर ओर

आप से तुम, फिर तू हुए, होगा इतना याद
आप कहूं और तू सुनूँ अब शादी के बाद

मंदिर मस्जिद या सड़क भीख है ज़िन्दाबाद
मुस्टंडों की बढ़ रही लगातार तादाद

कामकाज की बन गई अंग्रेज़ी ही टूल
मांगे जो हिंदी अगर होता ओवर रूल

अभिनेता बूढ़ा हुआ पड़ी वक़्त की मार
लेकिन नेता ओल्ड हो, सपने हों साकार

कलयुग में सिद्धांत को कौन पूछता आज
उसका ही संसार है जो है तिकड़मबाज़

हाथ-पैर जोड़े करे वोटर का गुणगान
जीत इलेक्शन क्षेत्र से होता अंतर्ध्यान

हार जीत की बात पर कैसा सोच-विचार
बात से बात न बन सके कुश्ती को ललकार

करे समय बर्बाद क्यूं कहता रहता छंद
नहीं प्रकाशक, मंच गर, लिखना कर दे बंद

ग़ैर की दौलत देखकर बेचैनी इन वेन
तेरा मेरा कुछ नहीं ये ईश्वर की देन

आह वाह करता रहे ऐसा श्रोता भाय
कवि को श्रोता ना मिलें बहुत बड़ा अन्याय

दिन जाड़े के आ गए लूटपाट अब आम
चोर या डाकू भी करें समझ बूझ कर काम

नेता बाबू श्वान से, ऐसा अब परिवेश
चाहे जितना चूस ले, हड्डी तेरा देश

जबसे बेटा हो गया कविता का शौकीन
इक नागिन की चाह में रोज़ बजाए बीन

भीड़ जुटाने का किया जब से ये व्यापार
खूब तरक़्क़ी कर रहा उसका कारोबार

सिल्वर जुबली हो गई, शादी में क्या जान
कभी जमाई आ गए तभी मिलें पकवान

सस्ता अगर लिबास हो पूछे ना इंसान
पैंट कोट से बढ़ गया मेरा भी कुछ मान

अंग्रेजों सा हो गया क्यूं इंडियन का हाल
टाई बांधना भी हुआ क्या जी का जंजाल

मिट जाएगी हर जगह अब तक लगी कतार
जो परिवार नियोजन पर लग जाए इक बार

जब से आया नोट पर, गांधी है परिशान
थूक लगाकर देखिये लोग करें अपमान

फल और सब्जी दूध घी किसे चाहिए यार
अब दिमाग़ या पेट हो फास्ट फूड दरकार

हाय भंवर में फंस गई निर्देशक की नाव
लगा बनाने ट्रेजेडी आए कॉमेडी भाव

पंगा ले सरकार से खो बैठे आनंद
फाइल जो उसकी खुल गई मरने पर ही बंद

उतना घोटाला करें जितनी है सामर्थ
साहस के भी हो गए अलग-अलग ही अर्थ

सोए तो आनंद है जाग उठे तो खीज
इंसानों की आत्मा मज़ेदार है चीज़

बजट ख़त्म कर दे सभी और मना ले ईद
मिले कमीशन किस तरह तुझको बिना ख़रीद

माना ये बन जाए तो बढ़ेगी तेरी शान
पुलिस, निगम के साथ बिन कैसे बने मकान

ऐशपरस्ती के लिए लगा है कैसा मर्ज़
कर्ज़ चुकाने के लिए और भी लेता कर्ज़

विपदा हो सरकार पर करे दूर यूँ रोग
छुपा न पाए कांड तो गठन करे आयोग

कोई करे विरोध तो सर पर बजते जूत
जड़ें हैं भ्रष्टाचार की यहां बहुत मजबूत

हिट हो जाने के लिए ख़बर नहीं दरकार
विज्ञापन गर ना मिलें छपे नहीं अख़बार

राह में जो रोड़ा बने उसको देता ठोक
वो सत्ता में आएगा रोक सके तो रोक

तिकड़मबाज़ी से मिला तुम्हें यहां का राज
फिर कैसे कर पाओगे ऐसे राज पे नाज़

उसी महकमे में सदा पोस्टिंग रेट है टॉप
रिश्वतखोरी का जहां होता ज़्यादा स्कोप

व्यापारी ने कर दिया भारी चंदा दान
मंत्री जी के फेस पर अर्थपूर्ण मुस्कान

ये कोरी अफ़वाह है भारत में सब भ्रष्ट
जाओ बसो विदेश में अगर तुम्हें है कष्ट

अनदेखी सरकार की अपने में है मस्त
जनता सूखे से यहां कभी बाढ़ से त्रस्त

हरियाली है इस कदर मच्छर की भरमार
मक्खीमार से बन गया अब मैं मच्छर मार

शहर गांव हो हर तरफ़ मच्छर का है राज
बिना शोर काटे हमें ये कैसा अंदाज़

करनी कथनी में कोई रिश्ता नहीं विशेष
पर जिसको देखो यहां देते हैं उपदेश

प्रेम तरंगे उठ रही खुद में रहता लीन
उमर जवानी की, लगे सारा जहां हसीन

दौलत का जो रंग हो अपना दिल बहलाए
गोरा चिट्टा नोट भी क्यूं काला कहलाए!

ये भी तो कुछ कम नहीं बाबू ऑफ़िस आए
प्राइवेट काम उमंग से, दफ़्तर में सुस्ताय

मामूली बदलाव से फेल पास हो जाए
फाइलों की शब्दावली कोई समझ न पाए

किस बाबू में दम तेरी फाइल कहीं अटकाए
मोटे पहिए हों लगे रेल सी दौड़ी जाए

दाढ़ी मूछों के लिए काहे टेंशन लेत
ये फिर से उग जाएगी तेरा अपना खेत

नामकरण उल्टा करे समझदार ना एक
इतनी सुंदर लेक को नाम दिया डल लेक

टेनिस बैडमिंटन में ये अजब ही देखा हाल
लड़ने से पहले कहें आपस में लव ऑल

राजनीति में आएगा कैसे सेवा भाव
दौलत ख़ातिर लग गया जब सत्ता का चाव

कभी दौड़ते थे अभी मुश्किल हो गई वॉक
दफ़ा जवानी जो हुई पीरी करे मज़ाक

राजनीति है वोट की किसका इस पर ध्यान
कैसी बढ़ती जा रही भारत की संतान

और कोई चारा नहीं कर तू इनका वेट
बाबू हो या रेल हो दोनों हरदम लेट

बंगला गाड़ी अर्दली देखो इनके ठाठ
अफ़सरशाही दे रही हमको धैर्य का पाठ

लालच कर कर इस कदर नस्लें हुई ख़राब
ठेका है हर मोड़ पर मिलती खूब शराब

खिड़की सारी बंद हैं ना ये शोर मचाए
रेल तो होती है वही छुक-छुक करती जाए

अगर कभी छूट जाए तो लगे बहुत आघात
बाबू और नेताओं का कुर्सी मोह विख्यात

चाल चलन बाबाओं का यूं भी कोई बताए
सुंदरियां जब दिल करे भोगे और भगाए

ज़ोर आज़माइश हो रही हुए नियम सब ग़र्क़
आज अखाड़ा लोकसभा कोई नहीं है फ़र्क़

ओडॉनिल की आ रही हरदम महक सुगंध
बच्चे को ऐतराज़ क्या बाथरूम में बंद

बेटा था जो अब तलक अनपढ़ निपट गँवार
राजा बन गया बाप तो बन गया राजकुमार

चीरहरण होता तभी जब होता है चीर
त्याग करे जो चीर का फिर काहे की पीर

चोली दामन में हुआ अब आधुनिक द्वंद
दामन ही जब ना रहा फिर कैसा संबंध

बिछड़ ना पाएं फिर कभी ऐसा अपना प्यार
राजनीति से जिस तरह जुड़ा है भ्रष्टाचार

कितना आलीशान है घर का है ये टैस्ट
बाथरूम है रैस्टरूम कर लो जितना रैस्ट

यहां इलेक्शन आए जब होती है भरमार
नेताई हैं वायदे डालो ख़ूब अचार

गाते गाते फिर तुझे आ जाएगा गान
करत करत अभ्यास के जड़मति होत सुजान

लेखन जो बरसों बरस करेगा बारंबार
इक दिन सब अपनाएंगे तुझको बरख़ुरदार

भाई अगर ग़रीब हो ग़ायब होता प्यार
इक व्यापारी के लिए रिश्ते भी व्यापार

जीवन भर जिससे यहां रहते सब अनजान
फिर क्यूं उस इंसान को मौत बनाए महान

घोर गरीबी में रहा जीवन था नारकीय
मरने के पश्चात वो हो जाता स्वर्गीय

वी आई पी मर जाये छुट्टी कर डाले सरकार
घर से निकलो यार तुम सब पढ़ कर अख़बार

चेहरे पर मुस्कान हो जैसे हो श्रीकृष्ण
घर बाहर कोई करे चाहे जितने प्रश्न

यूं तो गणित शास्त्र में उनका नहीं जवाब
लेकिन जब पीने लगें रखते नहीं हिसाब

हो ना जाए तबादला लग ना जाए नकेल
छुट्टी जो तू कर सके कर ले अभी अवेल

सुनते आए हैं सदा सदियों से ये टेल
राजनीति अपराध का बहुत ही गहरा मेल

लगे पोस्टिंग उस जगह होय ग़रीबी अंत
ऊपर नीचे खूब हो इनकम, आए बसंत

कहने में आ कर लिया हमने जुर्म कबूल
जाने कैसे हो गई हमसे ऐसी भूल

समझ न आया आजतक आवश्यक है शोध
क्या ख़ास विशेषांक में मेरा है अनुरोध

खानेवालों में भले भोले रहें अनेक
मेजबान को चाहिए कायम रहे विवेक

जात ज़ात सब एक हैं भाषा का कब ज्ञान
फिर पाठक को मिल गया हंसने का सामान

नर के नारी हो गए देखे हमने केस
एफबी पर बदले हुए जाने कितने फेस

है पतलून फटी हुई झांक रहे हैं अंग
सबके जीने का यहां अपना-अपना ढंग

क्रैस्ट कहां आसान है देना होगा बैस्ट
एवरेस्ट पर जो चढ़े नहीं मिलेगा रैस्ट

रिश्वत भी सबको भला कब आती है रास
जिसकी जितनी सोच है उतना है आकाश

मोबाइल हो कार हो या हो कोई मकान
लोन भले लेना पड़े पर हो आलीशान

ओवरस्पीडिंग, साथ में चला रहा था रेस
छोड़ दिया क़ानून ने ब्राइब पांच सौ कैश

मैं भी तो अख़बार और टीवी पर छा जाऊं
पर फ्री में सम्मान हो संस्था कहां से लाऊं

पब्लिशर मेरे लिए ऐसा कर दे सर्च
पुस्तक बढ़िया छाप दे बिना कराए खर्च

वाहवाही में पेंट की सड़क, बनी बस लेन
रिक्शा ठेले हैं वहीं, स्कीम विदाउट ब्रेन

बजट किया गड़बड़ सभी खाना, चाय, पान
हाथ हिलाते आ गए जाने क्यूं मेहमान

बंधन शादी का हुआ हो गया काम तमाम
जीवन भर लड़ता रहा आज़ादी संग्राम

ख़बरदार! प्लानिंग है ये नहीं कोई संजोग
जाने कब आ जाएँ ये मिलने वाले लोग

साली की शादी हुई तड़पाये यूं याद
बीपी शुगर का मुझे मिला है खूब प्रसाद

मैटर शादी का ज़रा समय प करना सोर्ट
बेटा शादी वास्ते चला न जाए कोर्ट

कैसे देखा जाएगा बैठा है वो शांत
मिल कर दूर करूं ज़रा मैं उसका एकांत

कल बस की हड़ताल थी आ न सका मेहमान
जो दिल से है मांगता मदद करें भगवान

कोई मेरा पता अगर पूछे कभी जनाब
कहना रेड लाइट जहां रहती सदा ख़राब

खुली हवा में सांस लें डर नहीं इनको लेश
रेल की छत पे करें सफ़र वीरों का ये देश

बस के पीछे भाग ले डंडा हाथ में आए
लटके था , गिर , उठ गया यूँ ही स्ट्रॉन्ग हो जाए

पीक थूक दीवार पर मॉडर्न आर्ट बनाए
कैनवस रंग ब्रश के बिना चित्रकार बन जाए

यूँ तो भारी स्मोग है साँस भी मुश्किल आए
पॉल्यूशन जो कम लगा सिगरेट पीता जाए

गंगा जल सा प्योर था अब आए दुर्गंध
फ्री में था पानी कभी अब बोतल में बंद

बच्चा जाए स्कूल में लगी है ए सी वैन
फ़ीस है भारी बाप फिर काम करे दिन रैन

दिल्ली का ट्रैफिक है ये, जल्दी इन्हें सताए
कौन कहां कब मोड़ दे कोई समझ न पाए

जाम है ट्रैफ़िक देख क्या लंबी हुई कतार
बम्पर से बम्पर लगे प्रेम का हो इज़हार

रस्ते रोके जो तेरा टक्कर उसको मार
जितनी महंगी कार तू उतना है हक़दार

घर की मुर्गी दाल है सुनते थे कई बार
दाल कहाँ सस्ती रही कथन हुआ बेकार

पेचीदे क़ानून हैं काम न हो इक बार
पकड़ किसी एजेंट को चुटकी में हो यार

कवियों का है मामला ऐसा अक्सर होय
अपनी अपनी कह गए मेरी सुनी न कोय

कॉलोनी क्या पॉश है घर हैं आलीशान
सब अपने में मस्त हैं दूजों से अनजान

ख़ुद को जो अंधा कहे राम का है गुणगान
आंखें लगती बंद हैं दान पात्र पर ध्यान

मंत्री जी को जब कभी हो जाता है ज़ुकाम
फाइव स्टार सा हॉस्पिटल ख़ूब मिले आराम

ए सी रूम में बैठ कर चिंता में श्रीमान
चाय पर चर्चा करें देश बनाएं महान

कथन दवा दारू तो है नाहक़ ही बदनाम
दवा रहे बेकार तो दारू करती काम

झगड़ा आपस में अगर ख़ुद ही लो सुलझाय
दो बिल्ली के क्लेश में बंदर रोटी खाय

मात पिता बिसराय के लगा है तेरा ध्यान
उठा के उसको ले भगा मत चूके चौहान

हर नेता को चाहिए दौलत का अंबार
देश लूटने को यहां सब बैठे तैयार

खूब सफ़ाई दे रहा नेता करता बोर
बोले है क्यूँ ज़ोर से चोर मचाए शोर

खा ले जितना खा सके मोटापा मत सोच
भोग यहां हैं सैकड़ों क्यूं करता संकोच

महंगाई की आजकल पड़ी है ऐसी मार
स्टेटस सिंबल बन चुका दालों का आहार

मेरिट तो लेने गई भारत में अब तेल
शिक्षा मंत्री बन गया जो है मैट्रिक फेल

रेड लाइट पर घूमते किन्नर बारम्बार
भीख मांगने के लिए फैशन कर तैयार

श्रोताओं पर सड़ी गली कविताएं मत थोप
फोकट में लग जाएगा शोषण का आरोप

जवां लगे हर उम्र में करता है वो प्रयास
जवां हूं मैं हर उम्र में मुझको है एहसास

इम्तिहान में गर कभी उत्तर समझ न आए
टीचर को कंफ्यूज कर कुछ नंबर दे जाए

आरक्षण की नीति पर खून खौलता जाए
फिर सोचूँ इस बात पर बी पी कौन बढ़ाए

कैसा भी अब शेर हो, इन्हें चाहिए दाद
शागिर्दों की है कमी, ज़्यादा हैं उस्ताद

कर तो बढ़ता जाए है जब देखो हर बार
ये अपनी सरकार है या है पॉकेटमार

राजभवन ने रख दिया उसके सिर पर ताज
भवन बना लेगा कई जब तक उसका राज

हंसी फंसी सिद्धांत से बात नहीं बन पाए
हंसकर तेरी बात पर हनी ट्रैप कर जाए

धरती कांपे साथ में कांपे रिश्तेदार
भारी भरकम चाहिए बीवी हो दमदार

दशकों से इस प्रांत का सी एम है आदरणीय
अगला सी एम शर्तिया बनेगा फिर फादरणीय

मोबाइल अब कर रहा लोगों को गुमराह
जिसको देखो हो गया स्मार्टफोन से ब्याह

ऑनलाइन ही कर दिया जब चुनाव प्रचार
भीड़ जुटाने वालों का पिट गया कारोबार

टीवी हो अख़बार हो बड़े वो बोले बोल
करना धरना कुछ नहीं आप बजाय ढोल

छोटी मोटी लूट में क्यूं रहता महदूद
डाकूपंती छोड़कर राजनीति में कूद

नेता कुर्सी से उठा भाषण को तैयार
घर में बैठा था मगर आदत से लाचार

ट्रेडर इंस्पेक्टर मिले लिया हाथ में हाथ
पैदल वाले ढूंढते सड़कों पर फुटपाथ

इनको कैसे छोड़ दूं लेखन का आधार
तंबाकू व्हिस्की से ही मन में आएं विचार

शिक्षा की इंपोर्टेंस किसे समझ में आए
बिना पढ़े ही हिंद में जब पीएम बन जाए

कितनी महंगी हो गई लोगों में पहचान
डेढ़ लाख देना पड़ा, एक लाख सम्मान

पटरी पर सोना हुआ बेघरों को अवैध
जुर्माना भारी पड़े चार माह की क़ैद

जिन्दा है तू जब तलक तभी नाम रह पाए
राम नाम जो सत्य हो तू बॉडी कहलाए

अफ़सर जज या मंत्री क़िस्सा है ये आम
कुर्सी से जब हट गया कोई नहीं है दाम

आज लतीफ़ेबाज़ के देखे हमने ठाठ
कवि सम्मेलन हिट हुआ बिना ही कविता पाठ

अफ़सर, नेता हिंद के होते हैं कुछ ख़ास
लेवल भ्रष्टाचार में अपना वर्ल्ड क्लास

कुछ अपनाने के लिए पहले कर लो टैस्ट
जो कुछ होता वैस्ट में नहीं सभी कुछ बैस्ट

रहूं सुर्खियों में ज़रा मेरी भी हो शान
असली या मुझको दिला प्रायोजित सम्मान

पास इलेक्शन आए सब लोन माफ़ हो जाए
समय पे जो वापस करे वो पागल कहलाए

मोटर वाला हॉर्न पर हॉर्न बजाता जाए
बीच सड़क में बैठ कर धूप सेंकती गाय

या तो ढीली जेब कर या फिर घंटों वेट
स्पेशल दर्शन के लिए अलग बना है गेट

व्यंग्यात्मक शेर

एक भी मंच दिलाया न मुझे पिछले साल
और तू चाहे कि शेम्पेन पिला दूँ तुझको

बचे बाल जो भी हुए वो भी चांदी
बड़ी देर कर दी सनम आते-आते

शुक्रिया है कोर्ट्स का इस उम्र में
जाते ही रहते हैं हम तो डेट पर

और तो कुछ बदल न पाया वो
उसने सड़कों का नाम बदला है

किये जाता है बंदा वोट की ख़ातिर जो मजबूरन
अगर पूरे करे वादे तो नेता मर ही जायेगा

दौलत के दम पे बोस की उम्मीद देखिये
ख़ुद है तवे सा काला मगर हूर चाहिए

वेट बढ़े जाता है क्यूँ
जो अनशन पर बैठा है

हरदम ताली की ख्वाहिश
तू भी मेरे जैसा है

बात करता हूँ बारहा हंस कर
जब तलक उससे काम होता है

उसको ही कामयाब कहते हैं
जिसका शौहर ग़ुलाम होता है

पांच सन्डे गैज़ेटिड
ये भी कोई साल है?

क्यूँ है वो सर पर सवार
बीवी है बेताल है?

कैसे अब ग़ज़लें पढ़ूं
कैश है न शाल है

क्या पता कब किसी से जुड़ जाये
उसकी हर पार्टी से यारी है

फैमिली में है दबदबा उसका
मेरी बीवी जो सबसे भारी है

उसने बैटिंग में करोड़ों जीते
वो जो हर मैच अपना हारी है

कौन मंत्री उठाता है झाड़ू
जब तलक कैमरा नहीं होता

देखता ही नहीं हूँ मैं उसको
जो मेरे काम का नहीं होता

तुम भी नेता को कह रहे अपना
जो कभी बाप का नहीं होता

चलो अच्छा हुआ अनपढ़ भी आ सकता है संसद में
पढ़ाई की जो होती शर्त आवारे कहाँ जाते

चुनावों में खड़े होने की गर होती कोई सीमा
इलाके में यहाँ हर बार जो हारे कहाँ जाते

थर्मामीटर पेशेंट को रखे चुप
स्टेथोस्कोप से पता लगे तब बीमारी

कैसे कोई डॉक्टर उसको समझाये
जब आता हैं पेशेंट गूगलज्ञानी

जबसे रोगी बना दिया है कंज्यूमर
तबसे डॉक्टर कहलाता है व्यापारी

चुराओ शेर लेकिन सुनने वालों पर नज़र रखना
उसी के सामने पढ़ने से भांडा फूट सकता है

न समझो इसको रिश्वत ये तो सुविधा शुल्क है प्यारे
नहीं हफ़्ता दिया तुमने दरोग़ा रूठ सकता है

किसी पर जुर्म साबित हो बहुत प्रेशर है ऊपर से
अगर तुम थर्ड डिग्री दो तो क़ैदी टूट सकता है

किसी के ज़ब्त का यूँ इम्तहां लेना नहीं अच्छा
अगर इतना पकाओगे तो श्रोता कूट सकता है

बिन डाइटिंग ही वज़न गिरा जाये उसका
जब से तुमने उसको भैया लिक्खा है

हर लम्हे की बीवी रक्खे ख़बर मेरी
जाने कब इससे छुटकारा लिक्खा है

तालियाँ दोगे तो कुछ और सुनाऊँगा तुम्हें
वो अलग बाँध के रखा है जो माल अच्छा है

ठोकते रहते हैं जो खूब शतक भारत में
कांप उठते हैं जहां पर भी उछाल अच्छा है

आशिक़ी ने उसे कर डाला है इतना मज़बूत
खूब पिट कर भी वो कहता है कि हाल अच्छा है

करोड़ों खर्च कर के खेलते हैं अब वो अरबों में
सियासत जो कभी सेवा थी कारोबार कहते हैं

शराफत से नहीं होता गुज़ारा अब ज़माने में
जो रिश्वत ले न दे बंदा उसे बेकार कहते हैं

है अदाकारी, इबादत थी कभी
शायरी है अब प्रोफेशन किसलिए

जब मिली ना बाइक, पूछा बाप से
कर दिया मेरा क्रिएशन किसलिए

ख़बर पूरे मोहल्ले की है अपनी नौकरानी को
वो अपने काम से ही काम ले ऐसा नहीं होता

हर मिनट में पीछे करना स्टाइल प्यारे
बाल हमको बांधने की क्या ज़रूरत?

दुम दबा कर भागता है देख मुझको
अब मरे को मारने की क्या ज़रूरत?

अभी जवान हूँ ग़ज़लें जवान हैं मेरी
उड़े जो बाल क्यूँ अंकल बना दिया तुमने!

यूँ चीखने की भी संसद में क्या ज़रूरत थी
अभी तो सोये थे नाहक जगा दिया तुमने

अगर इस क़दर तेरा चेहरा खिलेगा
वो शक़्क़ी बहुत है न खाना मिलेगा

ये माना नहीं जुर्म तेरा कोई भी
तुझे छोड़ दूँ तो मुझे क्या मिलेगा?

माडर्न है इसकी सोच हसीना है प्रेक्टिकल
अब चांद तारों से तो पटाया न जाएगा

आख़िर ही में बुलाएं उन्हें मंच पर तो ठीक
पकड़ा जो माइक उनसे छुड़ाया न जाएगा

रोड़ पर पी एम, रुका ट्रैफिक तमाम
उड़ गया है प्लेन अब रोता है क्या?

हो गए शादी को अपनी तीस साल
इससे बढ़ कर और समझौता है क्या?

कभी ताउम्र दीवाने को तुमने घास ना डाली
बिचारा कहते-कहते मर गया तुमसे मोहब्बत है

कड़क सर्दी हो बारिश धूप खंडहर दश्त सहरा हो
जो दिलबर साथ हो तो हर नज़ारा खूबसूरत है

पचासों शेर पढ़ डाले हैं अपने बातों-बातों में
उसे सब कोसते हैं हाय ये कैसी निज़ामत है

जो टू व्हीलर किसी ट्रक कार को साइड न दे पाए
तो उस गुस्ताख़ इंसां का सफ़ाया रोज़ होता है

रिज़ाइन कर के दो दिन बाद ही वापस उसे लेना
सियासत में तो प्यारे ये तमाशा रोज़ होता है

कोई कितना भी टेढ़ा हो समझ जाता है पल भर में
पुलिस के बात करने का तरीक़ा और होता है

सियासत में ज़िंदा कोई रह न पाए
अगर रंग अपना बदलना न आये

ये जनता अभी तक वही देखती है
इलेक्शन से पहले जो सपने दिखाए

बड़े मंत्रियों के बहुत से हैं गनमैन
चला आये ना कोई भी मुंह उठाये

बहुत हौसला है ज़रा दाद देना
ग़ज़ल मीर की अपनी कह कर सुनाये

बहुत मसरूफ़ रहता है कहाँ आराम होता है
वो घर को छोड़ ऑफ़िस में, कभी संसद में सोता है

तू सेटिंग करना चाहे और वो बंदा उखड़ जाये
किसी से बात करने का मुनासिब वक़्त होता है

हर इक इंसान खोया है कहीं अपनी ही दुनिया में
ये क्या कम है मैं याद आता हूँ जब कुछ काम होता है

हेलमेट न कोई आर सी,डी एल बला है क्या
देखी पुलिस तो बाइक भगा लेते हैं तुरंत

नहीं संतान की ख्याहिश तो ये नायाब नुस्खा है
नहीं औलाद बढ़ती है यहाँ आगे 'भतेरी' से

फ़क़त कुर्सी की है परवाह जनता भाड़ में जाये
सियासी एक जैसे हैं उठा कोई भी ढेरी से

लगता है जूं रवायतों का कुछ पता न हो
वो भी है क्या मुशायरा जो शायरा न हो

होली में रंग ग़ुलाल से बदली हैं सूरतें
लगना गले संभल के कहीं दूसरा न हो

ग़लती से दे दिया था उसे क़र्ज़ एक बार
अब देखता है यूँ मुझे पहचानता न हो

भला किस काम का गर काम ना आया तेरे कोई
ज़रूरत के मुताबिक़ हर किसी से वास्ता करना

नहीं ये दौर गाँधी का, बहुत कॉमन है दुनिया में
करे दूजा जो आगे इक तमाचा ज़ोर से धरना

बिज़ी है हर कोई, ऑप्शन तो हो कुछ दिल की दुनिया में
अवेलेबल न हो गर एक मुझको दूसरा दे दे

करें बातें ये अभिनेता की नेता और क्रिकेटर की
वही ख़बरें पुरानी हैँ इन्हें कुछ तो नया दे दे

गुलाम जोरू का बोला तुझे! सभी तो हैं!
ज़रा सी बात पे क्यूं मुंह फुलाए फिरता है?

कभी कही थी जो दो-चार ही ग़ज़ल जिसने
वो सालोंसाल उन्हीं से पकाये फिरता है

अजब सी बात है क़िरदार का ख़याल नहीं
है नाम 'शौ हर' और बेगम छुपाये फिरता है

जिताया है तुझे दिल्ली ने इस क़दर फिर से
ये तेरी थाली में चमचम भी, रसमलाई क्यूं?

बदौलत क्राइम्स कायम है पुलिस की नौकरी यारो
न होते भ्रष्ट, क़ातिल, चोर, सब थाने कहाँ जाते?

पुराने हो गए छुट्टी के सारे
बहाना और कुछ सोचा नया क्या?

हो गए सब तेरे ही दीवाने
शेर था ग़ैर का तेरा समझे

ऐसे अल्फाज़ से भरी है ग़ज़ल
कौन इसको तेरे सिवा समझे!

इस क़दर बढ़ गया वज़न तेरा
तेरे आने को ज़लज़ला समझे

पार्किंग का मज़ा इसी में है
हो मनाही वहीं खड़ी करना

कैश ज़्यादा न रखना घर में तू
कब कोई नोट फिर चले न चले

जैसे भी हो तू रंग जमाये जा
कह के अपनी ग़ज़ल सुनाये जा

जब चलानी हो अपनी मनमर्ज़ी
उसको जनहित में कह चलाये जा

दाग़ देना है अभी बाक़ी मगर
कर रहे हैं सारे बेटे "विल" की बात

जो ग़ज़ल तुम ही तलक है तो करेगी तकलीफ़
जो भी आ जाये पकड़ में तो सुनाया जाये

कोई रिश्वत ही नहीं लेता नहीं देता है
ऐसी पोस्टिंग से तो भगवान बचा ले मुझको

सींख सा हूं मैं पहलवान है बीवी तौबा!
गेंद सी बातों ही बातों में उछाले मुझको

ये माना बाद शादी उसकी खो जाती है आज़ादी
मुकम्मल है तभी इन्सान कर लेता है जब शादी

दुल्हन तो बन गई बेगम, दिए शौहर को सारे ग़म
हर इक दुख दर्द का खाविंद हो जाता है फिर आदी

मंच पर वो ज़रा न टिक पाया
खूब पैरोडी गा के देख लिया

सास चाहे , मालकिन हो चाबियां कब्ज़े में हो /
और ख़्वाहिश है बहू की उसकी चलनी चाहिए

दौर महंगाई का ऐसा घर के खर्चे हैँ बहुत
नौकरी अपनी जगह है ब्राइबी अपनी जगह

काम कोई हाथ में लेते नहीं फ्री फंड में
दोस्ती अपनी जगह है पेशगी अपनी जगह

मैं पढ़ूंगा मंच से, दो तालियां
ये समझ लो है हमारी पेशगी

जॉब है तो ब्राइब के भी चांस हैँ
सब को ही प्यारी है अपनी नौकरी

कितने भी क़ाबिल हों बेटे बाप के
पूछ होती है कमाऊ पूत की

मैं भी फॉरेन घूम लूँ गर हो जुगाड़
वरना मेरी शायरी में क्या कमी

सताते हैँ वो घर वालों को अपने बेसुरेपन से
बिना पेमंट दिए कुछ स्टेज से जो गा नहीं सकते

बिना उम्मीद भी इन्सान को जाना ही पड़ता है
के दोनों एक दूजे के मरे में जा नहीं सकते

ये रिज़र्व्ड है महिलाओं की, तू लगे है सौलह साल की
भला सीट कैसे मैं छोड़ दूँ तेरा नाम इसपे खुदा नहीं

वो खड़ा हुआ रेड लाइट पर, करे भीख से इतना जुगाड़
वो भी क्या करे मजबूर है कभी बिन पिए तो रहा नहीं

तेरे सामने मैं हूं पेंशनर मेरी ज़िन्दगी का सबूत क्यूं ?
न यक़ीन हो मेरी बात का मुझे छू के देख मरा नहीं

है ये नौकरी सरकार की, करूँ बोस की चमचागिरी /
नहीं काम करता मैं एक भी, है ज़ुबाँ पे पर कभी ना नहीं

खुदा हो या तुम्हारा बोस प्यारे
बुलाया है तुम्हें जाना पड़ेगा

पॉवर है मनी और मसल की तो खड़ा हो /
इस दौर में नेताओं में ग़ुर्बत नहीं मिलती

हैरत में हैं सब कैसे निबाही है तमाम उम्र /
कुछ भी तो तुम्हारी मेरी आदत नहीं मिलती

ये मंचों का मिलना भी तिजारत का तक़ाज़ा /
उसको न बुलाओ तुम्हें शिरकत नहीं मिलती

यूँ तो दफ़्तर में हैं कई बाबू
काम के हों तभी पिलाता हूं

एक जैसा है रेट रिश्वत का
फ़र्क़ मज़हब के सब मिटाता हूं

किससे है क़र्ज़ लेना ये जानना ज़रूरी
दे कर जो भूल जाये उससे उधार करना

ये गुंडागर्दी चली आ रही है सदियों से
बिना ही बात जो टेंशन जमाई देता है

वो कौन है यहाँ जो खुश रहा है अपनी में
यूँ देने वाला तो सबको लुगाई देता है

एक थाली में खा रहे दोनों
प्यार का ये बुख़ार कब तक है

वेट हर हाल अब घटाना है
अच्छा है पर विचार कब तक है

हो चलाने का हुनर झूठ भी चल जायेगा
कैसी कितनी भी हो दौलत तू निगल जायेगा

मुझको मालूम है जीता जो इलेक्शन तूने
गुफ़्तगू का तेरी अंदाज़ बदल जायेगा

एफ बी, इंस्टा, ट्वीट, व्हाट्सअप, लैपटॉप
आजकल का नौजवाँ भी खूब है

सुनता रहता है वो बीवी की सदा
अपनी कुछ ग़ज़लें सुनाने के लिए

कर रहा है बेवजह तारीफ़ क्यूं
मंच कुछ तू पेड पाने के लिए

मारे हैं कितने ही उसने रिश्तेदार
छुट्टियां घर में मनाने के लिए

दवा दारू लेता हूं सब चारागर
ये पीने का अच्छा बहाना भी है

मलाई गर मिले संग दूध, बात बनती है
वो पे में खुश नहीं ईनाम को तरसता है

हमारा ही तो है जो कुछ तुम्हारा
उसूल अब ये ही जीने का हमारा

तू ले के प्रेमिका आया जो देखने पिक्चर
है बीवी सामने, ये कोई ख़ाब थोड़ी है

समय पे आना है ,जाना है, काम भी करना
निजी है नौकरी सरकारी जॉब थोड़ी है

चला रहा है जो क्लिनिक पड़ोस में तेरे
हैं वार्ड बॉय यहाँ "डाक साब" थोड़ी है

यूँ सालों बाद भी ये काम सरकारी नहीं होगा
बहुत आसानी होती है जहाँ संपर्क होता है

अभी जो पिट के आया है कई फिल्मों में है हीरो
हक़ीक़त और मूवी में यही तो फ़र्क़ होता है

मंत्री बने हो खूब अब दौलत कमाइये
बस्ती जला के वोट की रोटी पकाईये

वादे विकास के किये और एम पी बन गए
जनता को जैसा मन हो अब वैसा घुमाइये

ख़तरा सियासियों से ही अपने वतन को है
दुश्मन से बच ही जायेगा, इनसे बचाइये

आम जनता हो नेता, अभिनेता
सारे हैं इक समान, रहने दे

तज़्मीन

1

जब वो चलती है देखते हैं सब

मुझको मिल जाये सब की चाह में है .

क्या ग़ज़ब पाई है उसने बॉडी

वो जो इक शै मेरी निगाह में है ...

हुस्न को भी कहाँ नसीब जिगर

वो जो इक शै मेरी निगाह में है ..

-जिगर.

2

कोई चक्कर हो या के बीवी हो

और ऑप्शन बुरी नहीं होती

ब्लैकमेलिंग बहुत ही कॉमन है

जब कोई दूसरी नहीं होती

तुम मेरे पास होते हो गोया

जब कोई दूसरा नहीं होता

-मोमिन

3

माना के छू गई है मेरी शायरी तुम्हें
जलवे यूँ अपने मुझपे लुटाया न कीजिये
शादीशुदा हूँ ,आपसे इतनी है इल्तजा
आँखों में आँखें डाल के देखा न कीजिये

दीवानावार दौड़ के कोई लिपट न जाये
आँखों में आँखें डाल के देखा न कीजिये
-यगाना चंगेज़ी

4

दोस्त लेकर साथ में, साया हो तगड़ा जिन दिनों
हर महीने आठ दस दावत उड़ा जाता हूँ मैं
सूट पहने घुस गया और क्या गज़ब खाना मिला
अब तो अक्सर बेबुलाये भी चला आता हूँ मैं

दिल की बेताबी के सदक़े जलवा गाहे नाज़ में
अब तो अक्सर बेबुलाये भी चला आता हूँ मैं
-अर्श भोपाली

5

आखिर आ ही गया अपना मंच पर नंबर

बिन सुनाये तुम्हें दस बीस न जाने वाले

सुन के तज़मीन मेरी कहने लगे हैं श्रोता

आ गए तुम को भी अब जोक हंसाने वाले

तू भी मिलता है तो मतलब से ही अब मिलता है

लग गए तुझको भी अब रोग ज़माने वाले

- ज़िया जमीर

6.

सुना रहा है क्लर्क ये कहानियाँ क्या-क्या

बढ़े जो उम्र तो होती बीमारियाँ क्या-क्या

अभी मरा नहीं पेंशन कहीं न रुक जाए

बता रहा हूँ खुद अपनी निशानियाँ क्या-क्या

इस आरज़ू में कि पहचान लें मुझे मेरे लोग

बता रहा हूँ खुद अपनी निशानियाँ क्या-क्या

-सहर अंसारी

7

करे बेगम जो रिक्शे की सवारी

ख़ुदा जाने कहाँ रहती नज़र है ...
फटे कितने ही पहिये में अटक के
न आँचल की न दामन की ख़बर है ...

लगी अंगड़ाइयां लेने जवानी
न आँचल की न दामन की ख़बर है ...

-ज़ार देहलवी

8

कितने गड्डे खुदे हैं सड़कों पर

ना समा ले यही दुआ करना
आँखें दी हैं ज़रा संभल के चलो
हर घड़ी क्या खुदा-खुदा करना

एक सच्ची पुकार काफ़ी है
हर घड़ी क्या खुदा-खुदा करना

-हस्तीमल हस्ती

9

माथा फुड़वा के कभी जाना पड़े केजुअल्टी

कोई देखेगा न सब पर्चे जमा होने तक

अस्पतालों से अगर हैं जो दवाएँ गायब

दर्द को बढ़ने दिया जाए दवा होने तक

बहतरी नुस्ख़ा है बीमारी ए उल्फ़त का यही

दर्द को बढ़ने दिया जाए दवा होने तक

-रतन पंडोरवी

10

चाहे खुर्राट ही लगे बीवी

झूटी तारीफ़ रोज़ कीजेगा ...

बाद शादी जो चाहते हो सुकून

बंद अपनी ज़बान रखियेगा .

मेरी मैय्यत प ध्यान रखियेगा

बंद अपनी ज़बान रखियेगा -

11

एक ना बोला पांच सालों तक

उसकी चुप्पी बयान है प्यारे ...

एक की करनी पड़ गई छोटी

अपनी-अपनी ज़बान है प्यारे .

इश्क़ की दास्तान है प्यारे

अपनी-अपनी ज़बान है प्यारे

- जिगर मुरादाबादी

12

सेटिंग बहुत ज़रूरी है इस काम में मियाँ

क्यूँकर मकान याख़ुदा पूरा करे कोई

इंजीनियर पुलिस कभी नेता की अड़चनें

किस-किस ख़ुदा के सामने सजदा करे कोई

बन्दे न होंगे जितने खुदा हैं ख़ुदाई में

किस-किस ख़ुदा के सामने सजदा करे कोई

-यगाना चंगेज़ी

13.

ट्वेल्थ के टेस्ट हैं सन्यासी बना बैठा हूँ
हर इक ख़्वाहिश से तमन्नाओं से मुँह मोड़ लिया
रात भर जाग के कुंजी से रटे सारे सबक़
जाने क्यूँ ऐसे सवालात ने दिल तोड़ दिया

आपको प्यार है मुझ से के नहीं है मुझसे
जाने क्यूँ ऐसे सवालात न दिल तोड़ दिया

-सुदर्शन फ़ाकिर

14.

यूं दौड़ाता है तू गाड़ी सड़कों पर
ऊब चुका हो जैसे इस ज़िंदगानी से
सालों साल तुड़ाता रहता है हड्डी
फिर भी बाज़ नहीं आता मनमानी से

दिल पागल है रोज़ पशेमाँ होता है
फिर भी बाज़ नहीं आता मनमानी से

-आलम खुर्शीद

15

फिर आज दुबारा वो हनी ट्रैप हुआ है
जब वक़्त बुरा हो तो सुझाई नहीं देता
मुस्कान हसीनों की न पगलाए किसी को
ऐसा कोई दुनिया में दिखाई नहीं देता

जिस शख़्स को तू दर्द ए जुदाई नहीं देता
ऐसा कोई दुनिया में दिखाई नहीं देता
-दाग़

16

कहने को एक गाली मगर काटता है यूं
वो हाल ये करेगा फिर आया न जायेगा ..
इस चार टांग वाले से पंगे न लीजिये
दामन पकड़ लिया तो छुड़ाया न जायेगा

मुझ नातवाने इश्क़ को समझा है तुमने क्या
दामन पकड़ लिया तो छुड़ाया न जायेगा ....
- जिगर मुरादाबादी

17

मांगने वाला ये मॉडर्न है तुझे याद रहे
तू जो देगा न ज़रूरी के उसे भाएगा
एक दो रुपये ही डालेगा अगर झोली में
तेरी बख़्शिश तेरी दहलीज़ पे धर जायेगा

ज़िन्दगी तेरी अता है तो ये जाने वाला
तेरी बख़्शिश तेरी दहलीज़ पे धर जायेगा.
- अहमद फ़राज़

18

दोनों कारों में अभी हो के चुकी थी टक्कर
फिर भी दिलचस्प वहां कोई नज़ारा न हुआ .
कोई गाली न गलौच और न थी मुक्केबाज़ी
देखने हम भी गए थे पे तमाशा न हुआ ...

थी खबर गर्म के ग़ालिब के उड़ेंगे पुर्ज़े
देखने हम भी गए थे पर तमाशा न हुआ ...
-ग़ालिब

19

शाम घर पहुंचा, तो बीवी ने सुनाया फ़ैसला

गर्मियों की लीव में गोवा चलेंगे अब की बार

ट्रेन जो भी देखता हूँ हर टिकेट वेटिंग में है

किस क़दर फैला हुआ है कारोबार ए इंतज़ार

उनके खत की आरज़ू है उनकी आमद का ख्याल

किस क़दर फैला हुआ है कारोबार ए इंतज़ार

-हसरत मोहानी

20

करोड़ों घूस के डाले थे बैंक में स्विस के

उससे बेहतर नहीं थी जगह छुपाने को

कभी भी ज़िक्र न उसका किया था खुद से भी

न जाने कैसे खबर हो गई ज़माने को

कभी कहा न किसी से तेरे फ़साने को

न जाने कैसे खबर हो गई ज़माने को

-क़मर जलालवी

21

अदालतों में अदल का निशाँ नहीं मिलता

मुवक्किलों को कोई हमजबां नहीं मिलता
बिके हुए हैं यहाँ सब गवाह मर्डर के
मेरे बयाँ से किसी का बयाँ नहीं मिलता

बना दिया मेरी सच्चाई ने मुझे मुजरिम
मेरे बयाँ से किसी का बयाँ नहीं मिलता- ?

22 .

डाइट चार्ट उसका भुला बैठा हूँ

कुछ न फिर उसका कहा याद आया ...
केक टिक्की हो समोसा बर्गर
जिससे फूले वो सदा याद आया ...

ये मोहब्बत भी क्या है रोग फ़राज़
जिसको भूले वो सदा याद आया ...

-अहमद फ़राज़

23.

जेल हुई है फिर से उसको
दंगाइयों में नाम बहुत है
जीतेगा तो वो ही यहाँ से
उसके सिर इल्ज़ाम बहुत है

सच कहने की आदत जिसको
उसके सिर इल्ज़ाम बहुत है
-अंजना नूर

24.

नहीं थी फ़िक्र कोई बचपन में
किये मज़े जो हमने बेहिसाब
हुए जवान तो बने दूल्हा
फिर आया ज़िन्दगी में इंकलाब

फिर उठी दिल में एक मौज ए शबाब
फिर आया ज़िन्दगी में इंकलाब-

25.

कई साल से फेल होते रहे हैं

न इससे ज़ियादा इन्हें ज्ञान होगा

करो पास करने का फरमान जारी

मुसीबत के मारों पे एहसान होगा

चमक जाओ ए शाम ए ग़म के सितारों

मुसीबत के मारों पे एहसान होगा

-आसी उल्दनी

26.

जिनकी शादी नहीं हुई अब तक

कब ये क़ाबू में किसके आने हैं

मॉल पब यार और सिनेमा हाल

बेठिकानों के सौ ठिकाने हैं

कोहो सहरा साहिले दरिया

बेठिकानों के सौ ठिकाने हैं

-त्रिलोक चाँद महरूम

27.

एक ही बीवी संभल जाए तो ग़नीमत है मियाँ

बारहा शादी का क्यूँ रोग लगा रखा है

झेलता रहता है अब रोज़ नई फरमाइश

सबने मिल कर उसे दीवाना बना रखा है

कोई नासेह है कोई दोस्त है कोई गम्ख्वार

सबने मिल कर उसे दीवाना बना रखा है

-आसी उल्दनि

28.

ख़ुदा जाने कैसी ये जोड़ी बनाई

मिटा इश्क़ शादी का जोड़ा पहन के

यूँ ही लड़ते-लड़ते कटी ज़िंदगानी

कभी वो न समझे कभी हम न समझे

ग़लतफ़हमियों में ही गुज़री जवानी

कभी वो न समझे कभी हम न समझे

-वहशत कलकतवी

29.

न गुफ़्तगू हुई न आया कोई स्टेशन ही
नज़रनवाज़ नज़ारा नज़र नहीं आया
पहुँच गए हैं जो हम प्लेन से बहुत ही जल्द
मलाल ये है के लुत्फ़ ए सफ़र नहीं आया

तेरे बग़ैर भी मंज़िल तो मिल गई लेकिन
मलाल ये है के लुत्फ़ ए सफ़र नहीं आया
-वक़ार मानवी

30.

क़र्ज़ मुझसे लिया है इतनी बार
बाद उसके न तुम जनाब आये
लेनदारी की लिस्ट जब देखी
आज तुम याद बेहिसाब आये

कर रहा था ग़म ए जहां का हिसाब
आज तुम याद बे हिसाब आये
-फ़ैज़

31.

दिल के कहने में जो ले आए हम नई बेगम

इस क़दर करता है कब ख़ुद को पशेमां कोई

शादियां एक से ज़्यादा जो की तो पछताए

खींचती है कोई दामन तो गरेबाँ कोई

जब से छोड़ी है मोहब्बत नज़र आते हैं ख़्वाब

खींचता है कोई दामन तो गरेबाँ कोई -?

32.

ख़ुलूसो प्यार बला क्या है बाद शादी के

हमारे दरम्यां इसका निशां नहीं मिलता

करेंगे और ही ऑप्शन को एक्सप्लोर कभी

जहाँ उम्मीद हो इसकी वहां नहीं मिलता

तेरे जहान में ऐसा नहीं के प्यार न हो

जहाँ उम्मीद हो इसकी वहां नहीं मिलता

-निदा फ़ाज़ली

33.

दो चार गर्लफ्रेंड हो और घूमूं कार में
इक आरज़ू थी ज़िन्दगी गुज़रे ख़ुमार में
लेकिन बसें हो ट्रेन या आना हो यार का
मेरी तमाम उम्र कटी इंतज़ार में

कहते हैं लोग मौत से बदतर है इंतज़ार
मेरी तमाम उम्र कटी इंतज़ार में --?

34.

टूटे कभी, खो जाये या नुकसान हो घर में
बीवी को सिवा तेरे कोई नाम न आया
"नाकारा हो आवारा , नहीं फैमिली की फ़िक्र"
सर तेरे बता कौन-सा इलज़ाम न आया

पाबन्दिये वफ़ा हो के तुझे क्या मिला ए दिल
सर तेरे बता कौन-सा इलज़ाम न आया
-सुरूर आलमराज

35.

हुआ है फेल पिछले साल भी वो
ज़रा उसको परेशानी नहीं है
चला है इम्तहां देने को बेटा
के जिसकी कोई तैयारी नहीं है

मैं हूँ ऐसे सफ़र पे जाने वाला
के जिसकी कोई तैयारी नहीं है
-जॉन एलिया

36.

कट गया है जहाँ से, सेल ले कर
जब से ये शै दुकान पर आई ...
ठूंसे रहता है कान में हरदम
क्या बला इस जवान पर आई ...

घुल गया आप ही आप कुछ क़ायम
क्या बला इस जवान पर आई ...
-क़ायम चांदपुरी

37.

हाथों में जिसे सौंप दी है दिल्ली की सरकार

नाज़िम के हर इक पहलू से अनजान सा क्यूँ है
सादादिली तो देखिये अब पूछता है वो
इस शहर में हर शख़्स परेशान सा क्यूँ है

सीने में जलन आँख में तूफ़ान सा क्यूँ है
इस शहर में हर शख्स परेशान सा क्यूँ है

-शहरयार

38.

कुछ न हासिल हुआ है जिसने की

नींद में इंक़लाब की बातें
ये करप्शन मिटाना इंडिया से
ऐसा है जैसे ख़्वाब की बातें

वक़्ते पीरी शबाब की बातें
ऐसा है जैसे ख़्वाब की बातें

-ज़ौक़

39

क्यों मीमो पे मीमो दिए जा रहा है

मेरा बोस है तू निभाना पड़ेगा

अगर बस चले तो पटक दूँ यहीं पर

तेरे सामने मुस्कराना पड़ेगा

मुझे ग़म से कितनी ही अफ़्सुर्दगी हो

तेरे सामने मुस्कराना पड़ेगा

-सीमाब अकबराबादी

40.

जल्दी में रहते हैं सभी दिल्ली वाले

ट्रैफिक भी अब हर वक़्त ही रहता है बहुत

देख अब कहीं कोई कुचल जाये न तुझे

इंसान को इंसान से ख़तरा है बहुत

सच पूछे जो कोई मुझसे फरहत साहब

इंसान को इंसान से ख़तरा है बहुत

-फ़रहत कानपुरी

41.

पीरी में भी गर सामने पड़ जाये हसीना
तादेर यूँ देखें जूं दिखाई नहीं देता
वो तैश में आई तो अब फरमाने लगे हैं
ये उम्र ही ऐसी है सुझाई नहीं देता

किस तरह जवानी में रहूं राह पर नासेह
ये उम्र ही ऐसी है सुझाई नहीं देता
-आगा किजिलबाश

42.

जहे नसीब परीक्षा के दिन है तू हाज़िर
रिजल्ट आने का मरदूद इंतज़ार न कर
तू ख़ाली छोड़ दे कॉपी इसे मैं भर दूंगा
जवाब दे के मुझे और शर्मसार न कर

सवाल करके मैं खुद ही बहुत पशेमाँ हूँ
जवाब दे के मुझे और शर्मसार न कर
-अब्दुल हामिद अदम

43.

एक ही साल में हर काम में पर्फेक्ट हुआ

अब पति को यूँ निक्कमा न दुबारा कहना

बाल बच्चों को भी पाला है सलीक़े से सदा

ज़िंदगी भर तो किया उसने तुम्हारा कहना

दमे आख़िर तो बुतो याद ए खुदा करने दो

ज़िंदगी भर तो किया मैंने तुम्हारा कहना

-अमीर मीनाई

44.

हो न जिनकी कमाई ऊपर की

उम्र भर मुफ़लिसी को रोते हैं

सीट जिनकी हो गर मलाईदार

वो बहुत ख़ुशनसीब होते हैं

आप जिनके करीब होते हैं

वो बहुत ख़ुशनसीब होते हैं

-मो.नुहनार्वी

45.

जिसे देखो वही अब एम. बी. ए. के गीत गाता है
कमा लोगे करोड़ों में फक़त इंजीनियर हो कर
न पैसा है न पावर है न कोई भाव देता है
बनो क्यूँ चारागर तुम क्या करोगे चारागर हो कर

यूँ ही बैठे रहो बस दर्द ए दिल से बेखबर होकर
बनो क्यूँ चारागर तुम क्या करोगे चारागर होकर
-असर उल हक़ मजाज़

46.

आराम करने आया हूँ सरकारी खर्च पर
अब जल्द घर को जाऊं दुआएं मुझे न दो ...
सोने दो मुझको चैन से लिल्लाह नर्स तुम
मैं कब का खा चुका हूँ दवाएं मुझे न दो ...

शोला था जल बुझा हूँ हवाएं मुझे न दो
मैं कब का जा चुका हूँ सदाएं मुझे न दो ...
-अहमद फ़राज़

47 .

मॉल में ले के आया है गर्लफ्रेंड

लूट लूँ माल तेरी चाह में है

रख दे वापस वहीं शराफ़त से

तू जहाँ है मेरी निगाह में है

मैं जहाँ हूँ तेरी नज़र में हूँ

तू जहाँ है मेरी निगाह में है

-जिगर मुरादाबादी

48.

काला धंधा मगर सफ़ेद लिबास

एक दर्जे के बेहया सारे

पांच सालों से भूले बैठे हो

कुछ हमारा भी ध्यान है प्यारे

सब पे तू मेहरबान है प्यारे

कुछ हमारा भी ध्यान है प्यारे

-जिगर मुरादाबादी

49.

माना के ख़ुदा ने तुम्हें बख़्शा है बहुत नूर
कुछ गुफ़्तगू हो नज़रें इनायत हो इधर भी
भूले से न भूलेगा कोई नाम तुम्हारा
इस शक्ल के इंसान हैं दुनिया में रेयर भी

इस ढंग के दिलबर तो ज़माने में बहुत हैं
इस शक्ल के इंसान हैं दुनिया में रेयर भी

-रम्ज़

50 .

मौका है सही आप के फादर बने सी. एम
सरकार के दामाद बनो घूमो जिधर भी
दौलत है , दबंगाई भी गर यूज़ करोगे
हासिल है तुम्हारे लिए मसनद भी चेयर भी

आये हो तो दो चार घड़ी बैठ के जाओ
हासिल है तुम्हारे लिए मसनद भी चेयर भी

-रम्ज़

51.

चल न पायेगी मेरे सामने ये टालमटोल
खूब वाक़िफ़ हूँ मैं लोगों की अदाकारी से
खाना हो जाये जो तैयार मुझे कॉल करो
हमने ख़ैरात भी मांगी है तो ख़ुद्दारी से

बादशाहों से भी फेंके हुए सिक्के न लिए
हमने ख़ैरात भी मांगी है तो ख़ुद्दारी से
-राहत इंदौरी

52 .

कैश मुझको दिया था लालच में
साल भर में डबल भी होता है ?
यूँ लगाया है मैंने फिर चूना
जो मुझे देखता है रोता है

मेरा हंसना है ज़ख्म की सूरत
जो मुझे देखता है रोता है
-असर लखनवी

53.

बाप चाहे के मैं बनूँ अफ़सर

उसका सपना बने मेरा सपना

है तवक़्क़ो के लाऊँ सौ परसेंट

जैसे कुछ इख़्तियार है अपना

इश्क़ से लोग मना करते हैं

जैसे कुछ इख़्तियार है अपना

-असर लखनवी

54.

हो गया जिसको जवानी का सुरूर

कब संभाले से संभाली जाएगी

है दुपट्टे की न दामन की ख़बर

जाते-जाते बेख़याली जाएगी

आते-आते आएगा उनको ख़याल

जाते-जाते बेख़याली जाएगी

-जलील मानिकपुरी

55.

किस घड़ी शादी रचाई, सौंप दी फ्रीडम तुम्हें
रोज़ फरमाइश करो, कुछ रोज़ ही झगड़ा करो
दरम्यां अपने तो ऐसा कुछ नहीं था एग्रीमेन्ट
रोज़ हम तुमको मनाएं, रोज़ तुम रूठा करो

यूँ वरक़ उलटे ज़माने का तो कैसे सैर हो
रोज़ तुम हमको मनाओ रोज़ हम रूठा करें
-बेखुद देहलवी

56.

भला तू खैर मनाएगा कब तलक नादाँ
पलक झपकते ये मुजरिम दबोच लाती है
ख़बर रहे इसे कहते हैं सी बी आई मियां
ये जिस पे आती है बेइख़्तियार आती है

कुछ इख़्तियार किसी का नहीं तबियत पर
ये जिस पे आती है बेइख़्तियार आती है
-जलील मानिकपुरी

57.

साथ ही लेटे थे पर मच्छर का था मुझ पर अटैक
सो न पाया एक पल को, करवटें लेता रहा
जी में आया बाल्टी भर पानी सर पर डाल दूँ
जब कोई अंगड़ाइयां लेता हुआ सो कर उठा

वो दिल ए बेख़ुद ख़ुदा बख़्शे मुझे याद आ गया
जब कोई अंगड़ाइयां लेता हुआ सो कर उठा
-अज़ीज़ लखनवी

58.

आया हूँ सबसे पहले ऑफ़िस में
बाद सब के ही घर को जाता हूँ
नौकरी है अभी एड हॉक मेरी
इसलिए हाँ में हाँ मिलाता हूँ

जानता हूँ मिज़ाज मैं उनका
इसलिए हाँ में हाँ मिलाता हूँ
-दीक्षित दनकौरी

59.

नंबर था बैट्समैन का छह, भेजा चार पर
उसकी कहाँ? ये कोच या कप्तान की चले
बोला वो पार्टनर से, दिया आउट जब ग़लत
अपनी ख़ुशी न आये न अपनी ख़ुशी चले

लाई हयात आये क़ज़ा ले चली चले
अपनी ख़ुशी न आये न अपनी ख़ुशी चले
-ज़ौक़

60 .

एक आवाज़ से थम जाती है दिल की धड़कन
काँप जाते हैं यहाँ सब को डराने वाले
जीतना बीवी से मुमकिन ही नहीं ए नादाँ
हार जाते हैं यहाँ सब को हराने वाले

वो करिश्माई जगह है ये मोहब्बत की बिसात
हार जाते हैं यहाँ सब को हराने वाले
-हस्ती मल हस्ती

61.

एक वो थे अनगिनत थी जिनकी सुंदर गोपियाँ
तीन ही गर्लफ्रेंड में तारे नज़र आने लगे
बांसुरी वाले की अब क्या लाज रखोगे मियां
जब अभी से तुम थके हारे नज़र आने लगे ...

दूर तक क्या चल सकोगे राह ए उल्फ़त में शकील
जब अभी से तुम थके हारे नज़र आने लगे

-शकील

62.

आज दिखता नहीं भैया तेरे बाज़ू वाला
मुफ़्त धनिया जो दिया करता है दो चार के साथ .
एक तो पानी बहुत डालते हो सब्ज़ी पर
उस पे तक़रार भी करते हो ख़रीददार के साथ

एक ही ख़्वाब लिए फिरते हो गलियों-गलियों
उसपे तक़रार भी करते हो ख़रीददार के साथ

-अहमद फ़राज़

63.

ख़ुद ही की ग़ज़लगोई में रहता था जो मग़रूर
हर शख़्स ने जिसको कभी उस्ताद कहा था
गज़लें जो कहीं मेरी पढ़ी यूँ था मुतासिर
वो मुझसे मेरे घर का पता पूछ रहा था

कुछ सोच के चुप रह गया आवाज़ न निकली
वो मुझसे मेरे घर का पता पूछ रहा था
- आदिल मंसूरी

मज़ाहिया मुक्तक

1.

ये हुनर भी होना चाहिए तुम्हें
किसको कब करना सलाम देख कर
तुमको मिल ही जायेंगे बहुत से लोग
दाद देते हैं जो नाम देख कर

2.

ये माना बाद शादी उसकी खो जाती है आज़ादी
झमेला फालतू का ज़िन्दगी की है ये बरबादी
कुंवारे को भला मालूम क्या ये भी तजुर्बा है
मुकम्मल ही तभी है शख़्स जब कर लेता है शादी..

3.

हास्य कवि की जब ज़रूरत हो कहीं
हो हमेशा बात मेरे नाम की
दे न पाओ गर हमें दो चार मंच
फिर तुम्हारी दोस्ती किस काम की

4.

भारत का दबदबा हमें भरपूर चाहिए
मज़बूत हिन्द चाहिए मशहूर चाहिए
बन्दर सरीखे नेता जो उत्पात कर रहे
मोदी के जैसा देश को लंगूर चाहिए

5.

फ्री खाना पर पेट है तेरा
खाता जाये सांस तो ले ले..
अच्छी लगी तो चुप क्यूं बैठा
बात तो कर , इक चांस तो ले ले..

6.

आवाज़ ऐसी बज़्म में जादू सा छा गया
गीतों ग़ज़ल से अपनी वो सब को लुभा गया
जज़्बात सारे सोये हुए जाग उठे यूँ
उसको सुना तो दिल मेरा हरकत में आ गया

7.

पी. एम. बन जाऊं इण्डिया का

दिल में ये अरमान बहुत है..

झप्पी ली और आँख भी मारी

ये बच्चा शैतान बहुत है ..

8.

चाहे जहाँ पे झुग्गी डालो मैं सी. एम. हूँ क्या डरना

मार पीट के काम कराओ सीना ठोक के कहता हूँ

अपना-अपना स्टाइल है प्यारे न्यूज़ में रहना है लाज़िम

बाक़ी सी एम मीटिंग में हैं मैं धरने पर बैठा हूँ

9.

मोदी जी यूँ बात ना बन पाएगी

आपकी कोशिश न कुछ काम आएगी

यार डंडे के हैं हिंदुस्तान में

स्वेच्छा से क्या गंदगी हट जाएगी?

10.

लगती है जानी दुश्मनी पक्ष और विपक्ष में
दरअसल ये सब एक हैं अंदर की बात है
ये सूट बूट का न चले हिन्द में लिबास
सादादिली दिखाइए खद्दर की बात है

11.

बढ़ाये जाते हैं बिल बेतहाशा
जिये कोई मरे इनकी बला से
नहीं कोसेगा तो और क्या करेगा
अगर बीमारी बढ़ जाये दवा से

12.

अब तेरा इंतज़ार क्या करना
बेवफ़ा तुझसे प्यार क्या करना
साथ गुज़रा बहुत हसीन था वक़्त
याद वो बार-बार क्या करना

13.

पुल बने हो गया है एक बरस
कौन खोले विचार करते हैं
छुप गए हो कहाँ अमीर ए शहर
सब तेरा इंतज़ार करते हैं

14.

कोई कैसा हो अपराधी, खड़ा हो गर इलेक्शन में
दिखावे को सही बेहद शराफ़त आ ही जाती है
नहीं तालीम की दरकार संसद तक पहुँचने में
क्रिकेटर हो या अभिनेता सियासत आ ही जाती है

15.

बदन का बोझ गर डाले कोई , तकलीफ़ होती है
टिकाये सर कोई सुंदरी तो कन्धा कुछ नहीं कहता
जो टक्कर हो गई तुमसे तो समझो आ गई शामत
मगर लेडी चलाती हो तो बंदा कुछ नहीं कहता

16.

हर घड़ी सोच में हूँ धंधा जमाऊं कैसे ?
ब्रैंड स्विस बैंक को मशहूर बनाऊँ कैसे ?
किसने अब कितना यहाँ माल दबा रखा है
राज़ की बात भला सब को बताऊं कैसे ?

17.

कोरोना से मंदी है
फिर खर्चे का पर्चा क्यूं?
मास्क ज़रूरी फंक्शन में
फिर मेक अप का खर्चा क्यूं?

18 .

ख़्वाब जनता को कोई रोज़ दिखाते रहिये
वादे कर-कर के उन्हें रोज़ भुलाते रहिये
आप जो ख़ुद रहे नाकाम सदा सत्ता में
ऐब दूजों के हमेशा ही गिनाते रहिये

19.

हज़ारों स्कैम होते हैं महकमे जो हैं सरकारी
कमीटी ही तो बनती हैं नतीजा कुछ नहीं होता
हमेशा ही रही कोशिश के ये क़ाबू में आ जाये
मरज़ ऐसा करप्शन का मदावा (इलाज) कुछ नहीं होता

20.

माना है ख़ाली चिकनी सड़क, कैमरे भी हैं
इस रोड़ से गुज़रना ज़रा देख भाल के
छुप कर कहीं शिकार को बैठी न हो पुलिस
रेड लाइट जम्प करना ज़रा देख भाल के

21.

किस तरह तब्दीलियां करते हैं चारागर यहाँ
अब तलक शौहर रहा था उसको बीवी कर दिया
ये दखल इंसान का है काम में भगवान के
मैंने जो सोचा नहीं था उसने वो भी कर दिया...

22.

ये जोंडिस झाड़ से ही दूर होगा
हुआ है ये ग़लत आबो हवा से
बुख़ार उतरा न उल्टी ही हुई कम
ये हासिल है तो क्या हासिल दवा से

23.

पिक्चर कोई बढ़िया सी दिखाने के लिए आ
होटेल में कहीं लंच कराने के लिए आ
माना है अगर तूने मुझे अपनी जो गर्ल फ़्रेंड
मॉडर्न सा कोई फ़ोन दिलाने के लिए आ

24.

ज़िंदगी कट गई नक़ाबों में
और दिखावा है बस सवाबों में
इक सियासी के दिल में क्या है निहाँ
कब बयाँ होता है जवाबों में

25.

बहुत ले दे के मुश्किल से मिली है सीट बाबू को
बिना रिश्वत यहाँ फाइल चलाना कुछ नहीं होता
महकमे ही कुछ ऐसे हैं यहाँ सरकार के प्यारे
बिना मांगे ही मिलता है सताना कुछ नहीं होता

26.

यही दस्तूर दुनिया का अजब माहौल है प्यारे
ज़रूरत से ज़्यादा हो शराफ़त खा ही जाती है
गुज़ारा हो नहीं पाता किसी का सैलरी से अब
मिले रिश्वत तो चेहरे पर खिलावट आ ही जाती है

❒❒❒